Joachim Kind

Gedichtsliteraten

Gedichte über
Tagträume und Alltag

Sammelband (Textausgabe)

Joachim Kind

Gedichtsliteraten

Gedichte über
Tagträume und Alltag

Sammelband (Textausgabe)

Bibliografische Information der Deutschen Nationalbibliothek: Die Deutsche Nationalbibliothek verzeichnet diese Publikation in der Deutschen Nationalbibliografie; detaillierte bibliografische Daten sind im Internet über http://dnb.dnb.de abrufbar.
Die automatisierte Analyse des Werkes, um daraus Informationen insbesondere über Muster, Trends und Korrelationen gemäß §44b UrhG („Text und Data Mining") zu gewinnen, ist untersagt.

Verlag: BoD · Books on Demand GmbH, Überseering 33, 22297 Hamburg, bod@bod.de
Druck: Libri Plureos GmbH, Friedensallee 273, 22763 Hamburg

ISBN: 978-3-7583-4020-8

Inhaltsverzeichnis

WIDMUNG

....

Meinen guten Freunden gewidmet,
die mir so wundervoll aushelfen,
wenn die Muse der Dichtkunst
grade flüchtig und nicht
konkret fassbar ist.

....

Sei mir gegrüßt,
Muse der Dichtkunst,
liebreizend, facettenreich und bunt,
doch letztlich flüchtig, wie Meer und Wind.

....

VORWORT

Hallo liebe LeserInnen,

Diese Sammlung unterschiedlichster Gedichte aus meinen Büchern ,Tagtraumliteraten' und ,Alltagsliteraten', hier in einer Textausgabe, versucht, sich verschiedensten Situationen unseres Lebens, Liebens, Umgangs, Betrachtens, Alltags und unserer Phantasie aus der Perspektive unserer Gedanken und Träume zu nähern. Lassen Sie sich in diese Gedankenwelt entführen und haben Sie Freude, Entspannung sowie Anregung zur eigenen Achtsamkeit beim Lesen.
Und vielleicht entdecken Sie ja so auch ganz nebenbei Ihre eigenen Träume und Wünsche!

Joachim Kind

TAGTRAUMLITERATEN

Gedichte und Tagträume

TAGTRÄUME

Tagträume sind im Licht entstanden
Gespinst, unsichtbar fein und doch vorhanden,
zaubern Ideen uns fast gespensterhaft herbei,
beleben Euch bunt das Alltagseinerlei.

Zaubern ein Lächeln auf die Lippen,
lassen an Liebe, Schmerz und Freude nippen,
von Schönheit, Traurigkeit, Vergänglichkeit sie künden,
lassen Dich zu Dir selbst, und auch zu anderen finden.

So träumt, befleißigt Euch und seht,
wenn träumend Ihr durchs Leben geht,
dass Ihr bald macht zur Wahrheit Euren Traum,
befruchtend und erweiternd Euch den Lebensbaum.

SILBERMOND

Silbermond du Schlafes Bruder,
sende dem Ruhelosen Ruh,
mildre Schmerz und allen Hader,
schließe die müden Augen zu.

Komm zu uns nächtlich fahles Licht,
lass uns im Finstern tappen nicht,
beleuchte Wege, die im Dunkel liegen,
hilf die unstete Seele in den Schlaf zu wiegen.

Schenke uns hoffnungsvolle Träume
brich so Ideen frohe Bahn,
und schenke uns ganz neue Räume,
dem der träumen will und kann.

MI

Die kleine Katz mit Namen Mi,
sie räkelt sich in unseren Kissen.
Bei dem Versuch zu streicheln
knurrt tief und zickig sie,
doch will ich sie nicht missen.

Ja, Nova Tennessee ist eigentlich ihr Name,
warum sie ihn bekam, das weiß ich nicht.
Sie ist ne Katzenschönheit, tricolor,
mit wirklich niedlichem Gesicht.

Vom frühen kühlen Tod verschont,
gleich einem Gladiator eben,
teilt sie gewohnt und kräftig aus
und steckt dabei auch mächtig ein,
bei dem Versuch zu überleben.

Dem alten Kater Paul und mir
streicht sie lasziv, behende und
burrend um die Beine,
ein Fragezeichen zeigt der Schwanz
und Angst, die kennt sie
augenscheinlich keine.

Keck schnurrend schiebt sie uns
sodann mal kurz zur Seit, wohl einen Bissen
zu erlangen, entschwindet schnell,
wir sehn ihr nach und sind gefangen.

SEPTEMBERTAG

Noch wärmt die Sonne mir den Rücken
auf dem Spaziergang durch den Park
vom Schloss Charlottenburg,
doch kann man schon das gelbe Laub
im grünen Blättermeer erblicken.

Ich schlendere durch die Schlossallee.
An deren Rand erstrahlt im Sonnenschein
auf Beeten rot und blau der Blumen Pracht,
auf meinem Gang auf Kieseln hier allein,
am Schloss vorbei zum nahen See.

Dort ist es ruhig, Wellen gehen,
es spiegeln Wolken sich und Himmelsblau.
Die rote Brücke grenzt das andre Ufer,
das schilfbestanden abhebt sich vom Wassergrau,
an dem im hellen Licht Skulpturen stehen.

Ein kühler Wind umschmeichelt meine Wange,
gleich der Berührung einer Hand von Dir,
trägt Blumenduft und Wassers Kühle
von der Fontäne in dem nahen Park herüber.
Ich hätt Dich gerne hier bei mir.

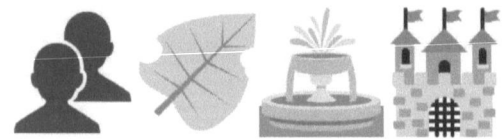

NEBELSCHWADEN

Die Luft ist kalt und es entstehen
beim Atmen weiße Nebelschwaden,
die kurz im Licht des Morgens baden
und in dem Augenblick vergehen.

Für einen kurzen Wimpernschlag
entsteht daraus jetzt Dein Gesicht,
ein wenig lächelnd, wie der helle Tag.
Mehr brauche ich zum Frohsinn nicht.

WOLKENLAUF

Ich würde gern mit Dir auf weißen Wolken laufen,
die flockig, leicht am blauen Himmel stehen.
Doch was für Schuhe muss man sich dafür kaufen?
Ich denk man müsst, wie Du, nur Barfuß gehen.

Dann könnt man auch die Kühle besser spüren,
die feucht umfängt den Fuß gleich Nebelschwaden,
gemeinsam gehen auf Wegen,
die in die weite Ferne führen,
und dabei in der warmen Sonne baden.

Das wär sehr schön, doch ist es schwer für mich,
leichter als Luft zu sein im ernsten Leben.
Was komisch ist, ich denke einfach nur an Dich
und schon beginne ich zu schweben.

RESÜMEE

Was ist, was bleibt nach sturmumtosten Nächten,
wenn Lebensturm sich langsam zieht zurück,
wenn falsche Freunde ziehen und gute Freunde bleiben,
ein Stück Gemeinsamkeit, ein kleines Stückchen Glück.

Ich hab gelernt auf neuem Weg zu wandeln,
die Dinge für mich unverstellt zu sehen,
nach bestem Wissen dann in dieser Welt zu handeln
und auch den schmerzensreichen Weg zu gehen.

Du, eng an meiner Seite, hast geholfen,
hast mir gezeigt, was wahre Liebe ist,
damit der Blick auf grüne Bäume, lichtes blaues Wetter,
den dunklen Weg der blut'gen Dornen nicht vergisst.

GÄNSEBLÜMCHEN

Hast Du wirklich hingesehen,
was sich hinter dem befindet,
was als alltäglich Du vermutet
und was Dich damit verbindet.

Ein Gänseblümchen klein und schlicht
und nichts besondres von Gestalt,
ausdauernd Held doch auf der Wiese
und auch im Innern von Gehalt.

Die kleine weiße Blüte winkt
mit gelbem Korb Dir zu von ferne,
in Gänsewiese zahllos stehen
sie in dem Gras, wie Himmelssterne.

Entsprossen aus Mariä Tränen
während der Flucht ins ferne Land,
in alter Zeit schon hochgeachtet,
für seine Heilkraft weit bekannt.

Alltäglich im Salat zur Speise,
als Kranz der Kinderköpfe schmückt,
vergessen wir auf welche Weise,
das kleine Pflänzchen uns beglückt.

MÄNNERPHANTASIEN

Männerphantasien ziehen,
vehement durch mein Gemüt.
Aus Begehrlichkeit geboren,
in Einsamkeit dann aufgeblüht.

Möcht in Deine Augen schauen,
Deine zarten Lippen spüren,
möcht Dich halten, Dir vertrauen,
Deine Hände zart berühren.

Mit Dir reden, lachen, scherzen,
nackt Dich sehen, Füße küssen,
lauschend am Körper Deinem Herzen,
nicht an morgen denken müssen.

Mich an Deinem Hals vergraben,
möcht Dich riechen, möcht Dich schmecken,
mich an Deinem Busen laben,
Deine zarten Knospen lecken.

Möcht mich wild mit Dir vereinen,
sanft Dir übern Rücken streichen,
vor Glück und Freude leise weinen,
nicht von Deiner Seite weichen.

Möcht Dich binden und auch necken,
und von Dir gefesselt sein.
Mit Dir spielend, uns entdecken,
um ein Teil des Glücks zu sein.

Ach, es sind noch hundert Sachen,
die in den Sinn so kommen mir,
welche ich gern mit Dir würd' machen,
wartend allein auf Post von Dir.

BRÖTCHENDUFT

Brötchenduft und Tee am Morgen
vertreiben graue Regensorgen.
Marmelade auf dem Teller
macht die Miene gleich viel heller.

Also auf, mach Dich hinaus,
denn die Sonne guckt schon raus.
Butter schmilzt, gleich ist es schön
und man kann spazieren geh'n.

Lachend kurz den Spiegel grüßen.
Lass dich von Wolken nicht verdrießen.
Mit blauer Luft, wie ich sie mag,
Dir einen wunderschönen Tag.

NACHTREGEN

Regen, der prasselnd,
Bäche erzeugend,
in Pfützen sich sammelt,
tränkt durstige Natur.

Herz, klopfend, zagend,
nächtlich beklommen,
Morgen erwartend,
tröste Dich nur.

Wind der rauschend,
Nässe begleitend,
Wolken in Fetzen
treibt vor sich her.

Sonne befreit er,
Erde erwärmend,
Güsse dann endend
im Lichtermeer.

Ruhe die tropfend,
Nachtangst vertreibend,
Gedanken entwirrt mir,
bringt grauen Tag.

Verwirrend bleibt dennoch,
von Dunkel umschlossen,
was kommende Zeit
mir bringen mag.

GEDANKENFETZEN

Gedanken kommen,
fliegen leise,
gleich Wölkchen,
übern Himmel hin,
durch mein Gemüt,
verkünden leise,
ob traurig oder
froh ich bin.

Was ist jetzt wahr
und was erfunden,
entspringt nur meiner
Phantasie? Erinnerung
vergangener Stunden,
real nun, oder trüget sie?

Die Welt, auf die wir uns verlassen,
ist aus Gedanken fein gewebt.
Was sie verbindet und uns ausmacht,
als Seele still dazwischen schwebt.

KATZENTRÄUME

Es gibt so Tage,
da wäre ich gern Katze,
döst auf dem Kissen
wohlig hingestreckt
und träumt von Mäusen,
gnaulend mit der Tatze,
beschnupper einen
buntgestreiften Pelz,
zu dem ich mich gesetzt.

Streunend gemächlich
durch den Garten,
halt Ausschau ich
nach Blumen, Gras
und Strauch.
Sitz in der Sonne,
kraule meine Ohren
und leck mit Andacht
mir den Bauch.

Des Nachts geh ich
auf Beutezug,
mit leuchtend grünen Augen,
und schaue mir
die Welt im schönen
Mondlicht an
und schnuppre mich
durch spinnig graue Ecken,
zu sehn, was ich erjagen kann.

EINSAMKEIT

Kann man sich mitten
unter Menschen einsam fühlen?
Oh ja, man kann.

Allein, geschnitten von der Welt
und Menschen, die man mag,
strebt man nach selbst gestellten
und unerreichbar hohen Zielen
und fühlt die eigne Unzulänglichkeit
an jedem Tag.

Was kann aus diesem Höllental
mich retten?
Da gibt's doch sicher was,
was helfen kann,
ein and'rer Mensch vielleicht?
Der zuhört, mich versteht und hilft,
befreit mich von den Ketten,
jedoch, wenn niemand will noch mag,
dann bin ich übel dran.

ABENDGARTEN

Vom linden Grün des Gartens zart umfangen,
so sitze ich im Gras, von Weinlaub rund umgeben,
bin in Gedanken, zartes Bangen
erfüllt pulsierend ganz mein Leben.

Ein zarter Hauch des Windes kühlt die Wange,
verkündet nun des Abends Wiederkehr,
und warmes Licht der Sonne scheint noch lange,
doch bald rührt sich im Rund kein Blättchen mehr.

Nur leichter Tau benetzt die Wiese
und Schatten ziehen einen dunklen Flor
wohl über tausend Blumen, so dass diese
bereiten, still sich schließend, große Stille vor.

Der Himmel funkelt und die Sterne,
sind sichtbar nun im bläulich fahlen Licht,
die Nacht bricht ein und doch, noch lange,
beruhigt sich meine Seele nicht.

APFELBAUM

Am Rand des Grundstücksrains gelegen
da steht ein Apfelbaum, wohl hundert Jahre alt.
Sein Holz ist runzlig, rau, uneben,
mit rissig grauer Rinde schlecht verschalt.

Der Pilz frisst sich in seinen Stamm,
versucht ihn bald zu fällen,
doch kleine grüne Blätter,
die kämpfen mutig und gewandt dagegen an,
und grüne Äpfel zeigen allen,
dass er sich gegen Wind und Wetter
und in der Welt dennoch behaupten kann.

Diese Beständigkeit, sie mög auch
Dich beflügeln, genieße jeden Sonnentag
und auch in Unbill stehe fest verwurzelt,
egal was uns der Tag auch bringen mag.

TÜREN

Und wo sind eigentlich die Türen
zu Deinem Kopf und Deinem Herzen?
Sich unterhalten, lachen, scherzen
treibt Seelen aufeinander zu,
doch wo in dem Gewirr bist Du?

Was macht Dich aus, hält Dich gefangen?
Wo kommst Du her und willst Du hin
und welchen Weg bist Du gegangen?
Sag welche Tür hast Du verschlossen
und welche andere dafür aufgetan?

Genau das hätt ich gern ergründet,
den Weg zu Dir, wie man ihn findet.

GRILLE

Die Grille zirpt am Wegesrand.
Musik so zart, die macht sonst keiner.
Der warme Sommer zieht ins Land,
Wölkchen am Himmel werden kleiner.

Auf Gartenbank und Blättern haben
Lichter sich gleißend ausgestreckt
und auf den nahen Blüten laben
sich bunter Falter und Insekt.

Auf jener Bank, da sitz ich eben,
pfeif mir ein fröhlich Liedchen dann,
gleich dieser Grille, füll mit Leben
die warme Stille nebenan.

Die Luft wird kühl und Sonn verdunkelt,
von Wölkchen und von Winden sacht.
Auf Grille, spiel mir noch ein Stückchen,
bevor es dunkel wird zur Nacht!

KÜHLSCHRANK

Heiß ist es heut, so tappe ich
zum Kühlschrank in den Keller runter,
versorg zuvor zwei Katzen schnell.
Oh Mann, wie werd ich wieder munter?

Ein Kaffee auf dem Weg gekocht,
die Kühlschranktür schnell aufgerissen,
Oh je, wie sieht es hier bloß aus?
Jetzt bin ich ganz schön angeschissen.

Die Wurst noch vom vergangenen Jahr,
mit grauem Schleim in Plastiktüte,
Gemüsefach mit grünem Gras,
Was ist das hier? Du meine Güte!

Ein Törtchen das zwei Wochen alt
wurd hier in einer Eck vergessen.
Wenn ich den Schimmel runter kratz,
ob ich's dann kann vielleicht noch essen?

Ich forsche hier, ich suche da,
das Fleisch hat Augen und Gesicht,
es hilft beim Suchen, selbst zusammen
finden wir hier 'ne Mahlzeit nicht.

Als ich nach einer Viertelstunde
Mein Ränzlein schnür fürs Abendbrot,
So hab ich alten Käs, Karotten und dann
noch hier - zwei Scheiben Brot.

Die Ecken biegen sich nach oben
Ich schmeiß den Kram zusammen schnell,
mit kaltem Kaffee dann genossen,
'ne Vollwertmahlzeit ist zur Stell.

GEWITTER

Beklommenheit erfasst den Schreiber,
ob der Blitze gleißend zuckender Kraft,
Gewölk am Himmel erhellend
zur nächtlichen Stunde.

Gewitter entlädt sich mit Macht,
aus Wolken grau schwarz,
tief hängend und drohend,
stürzt rauschender Regen.

Erd und Himmel sich einen,
in tosenden Fluten,
im rasenden Tanze
des stürzenden Wassers.

Aufbäumend im Winde,
gleich scheuendem Hengste,
Wolkenfetzen entfliehen,
zerstreuen sich im Dunkel.

Blitz riesig weiß-bläulich,
Donnerschlag Bäume spaltend
füllt mit Angst nun die Runde,
gleich dem strafenden Zeus.

Stille nun legt sich
auf das Land, das geplagte,
und die Bäche versickern,
von dannen das Wetter.

DICHTERLIEBE

O Muse der Dichtung,
fern von hier weilend,
an Wassern unendlich,
Blick zur Sonne gerichtet.

Wend zu mir den Blick,
mit Sehnsucht mich fülle
und Feuer wild lodernd,
gute Worte zu finden.

In Verse gefasst nun,
den Leser erfreuend,
die Gedanken erglühen,
dankend blick ich zurück.

KRIEG

Im Feld an einem Brückenkopf
liegt ein Soldat am Waldesrande eben,
in eignen Tränen, Blut und Dreck.
Der Feind ist nah und trachtet
nach seinem Leben.

Ein schöner Tag, von Sonne beschienen,
wie Hohn, auf diesem weiten Feld
regiert der Tod und greifet jäh,
mal diesen und mal jenen,
denn kriegerisch ist diese Welt.

Ein Schuss, ein Knall, ein Kopf zerplatzt,
ein naher Kämpfer scheidet aus dem Leben
und welchen Trost soll nun daheim,
die bittere Mutter ihrem Waisenkinde geben?

Schrapnelle sausen durch die Luft,
zischen vorbei an seinen Ohren,
er krallt sich tiefer in den Dreck,
denkt an die Lieben dort zu Haus
und wähnt sich schon verloren.

Doch was ist das? In Erd vergraben,
hat seine Hand zutag gebracht
hier aus dem Schmutz ein silbern Ding,
Marientaler wohl genannt.
Was hat's in diese Höll gebracht?

Ein andrer Krieg schwant ihm, jedoch
das Ding bringt Trost dem Zweifler eben.
Er rafft sich auf und kriecht zum nahen Wald,
beschließt, den Krieg zu überleben.

ROTZBLASEN

Rotzblasen bilden sich am Fenster,
von einem fetten Regenguss.
Ich sehe in das Nichts
und kleine wässrige Gespenster.
Sie wispern leis mir Dinge zu,
die ich nicht wirklich haben muss.

Du kannst doch nichts
und bist steinalt,
Du bist nichts wert
und hässlich obendrein.
So flüstert es ins Ohr mir kalt.
Ich möchte jetzt und gleich
woanders sein.

Dort, wo ein helles Feuer brennt
und Menschen, die ich mag,
sagen mir nette Dinge.
Und ich bekomme einen Kuss
von jemand, der mich sehr gut kennt.
Oh ja, wenn das doch ginge!

TEE

Auf eine Tasse Tee bin ich geladen,
das lese ich in kurzen Zeilen hier von Dir
und Sonne scheint, dem Herbsttag gleich,
in meinen Sinn, und warm und hell wird mir.
In der Vorfreude will ich gleich, so wie die
weißen Wolken in der Atmosphäre, baden.
Wo soll ich mit dem luftig blauen,
unbändig starken Glücksgefühl nur hin?

Ich stehe hier im frischen Wind,
der bläst durch meine Sachen,
denk an die Wärme und an Dich,
und freu mich, wie ein Kind.
Wir haben etwas Zeit für uns,
was werden wir wohl machen?
Genießen werden wir die Zeit
wohl sicherlich.

TAGE

Tage gibt's, da fühl ich mich,
so wie 'ne geschlagene Katze,
nutzlos schlicht, wertlos bin ich,
sehe im Spiegel eine Fratze.

Bin das ich? Frag ich mich dann.
War glatt noch jung bis eben,
was soll dem alten weißen Mann
an Freude noch das Leben geben?

Da fällt mein Blick auf meine Katz,
die in der Nähe will sich niederlassen,
auf einem schönen Sonnenplatz,
das tu' ich auch und kann's nicht fassen.

Es wirkt sofort, die Sonne wärmt
und stärkt im Nu die müden Glieder.
Was bringt es also, wenn man härmt,
nur frischer Mut belebt Dich wieder.

Hallo zur Jugend, denkt daran,
jeder wird alt beizeiten,
es mög' der Mut vom alten Mann
Euch jeden Tag begleiten.

LÄCHELN

Zuneigung sollen meine Reime
ganz üppig Dir zufächeln.
Doch frag ich mich, unsicher dann,
brauch ich Dich wirklich
und Dein Lächeln?
Und war ich nicht alleine hier
geblendet nur von eitlem Schein
und hab dies alles nur geträumt?
Manch schöne Worte sind
sehr schwülstig und zu groß,
um dann letztendlich wahr zu sein.

Erinnere ich die Zeit mit Dir,
welche von Dir mir wurde eingeräumt,
so fallen mir stattdessen bloß
ganz viele kleine Sachen ein.

Ein kurzes Lächeln, kurzer Blick,
ein kurzer Chat, kurze Berührung nur,
ein kurzes Miteinander, kurzes Glück,
im Nebel verliert sich die Gedächtnisspur.

Doch diese vielen kleinen Dinge machen,
im Grunde erst, das Leben lebenswert für mich
und auch Dein Lächeln so schön anzusehen,
und nicht die riesig aufgeblasenen Sachen.

Wie sollt es denn am Ende wirklich sein?
Ein kurzes Lächeln und Verstehen.

TOMATEN (ABZÄHLREIM)

Tomaten Juice, Tomaten Juice,
schmeckt ekliger als Apfelmus,
jedoch in Flaschen abgegossen,
hilft er gut gegen Sommersprossen.

Mit roter Pampe im Gesicht,
siehst Du die Sommersprossen nicht,
jedoch Dein T-Shirt, oh welch Graus,
sieht damit auch nicht frischer aus.

Und wie ein Käfer punktgeziert,
bist Du jetzt ganz schön angeschmiert,
jedoch sieht's bei Dir aus ganz keck,
die Mama wäscht Dich schnell -
und weg.

VERBORGENES

Manch Dinge sind dem ersten Blick verborgen
und erst ein zweiter zeigt Dir die Natur,
von Menschen, die Du glaubst zu kennen,
von Dingen, die Du wähnst unscheinbar nur.

Drum schau genau, denn oft im Leben
hast Du die zweite Chance nicht.
Zeit geht vorbei und die Gelegenheit entschwindet,
so gib dem Augenblicke mehr Gewicht.

Lass Deinen Blick aufmerksam schweifen,
finde im jetzt für Dich den Sinn
und teil es auch mit andern Menschen,
Verborgenes ist dann Dein Gewinn.

TAGTRAUMLITERATEN

In England gibt es Papageien
die werden sechzig Jahre alt,
die fluchend durch das Leben flattern,
die Parkbesucher lässt es kalt.

In Portugal da wohnen Gitarristen
die achtzig sind, mit Siegelring,
die spielen Stücke, wie die Jungen,
denn Musik ist ihr Lebensding.

Im Tierpark gibt es Landschildkröten,
die sind mit hundert noch sehr keck.
Sie atmen wenig, sparen Leben
und kommen zügig noch vom Fleck.

In meinem Dorf da gibt es Tagtraumliteraten,
die suchen einen Weg für ihre Lebensbahn,
und stellen fest, dass man
mit Musik, wenig Luft und Flüchen,
auch gut durchs Leben kommen kann.

KOMMUNIKATIONSTESTPILOT

Hallo, darf ich mich kurz vorstellen,
mein Job ist Kommunikationstestpilot
Solltet ihr 'ne Frau mal nicht verstehen,
helf ich den Männern in der Not.

Stell'n sie sich vor, ich wollte kurz mal fragen,
wie es ihr denn so geht und was passiert,
die Antwort von ihr hat mich umgehauen,
das ganze Ding ist eskaliert.

Es ging zu schnell, wieso, weshalb,
die Hälfte nur, hab ich hier mitgeschnitten,
als ich um Wiederholung bat,
hat sie sofort mit mir gestritten.

Sie war beleidigt, zickig, brach in Tränen aus,
sagt, ich würd nichts vom Frauenherz verstehen,
Im Grunde hat sie damit recht.
Wie sollt' es auch bei Männern gehen?

Die Kette, die ist schön, sagt sie,
Ich sage, ja und gehe weiter,
ganz grimmig folgt sie hinterher
und wirft mir vor, ich sei kein guter
Frauenbegleiter.

Hier helfe ich, sagt prompt der Testpilot,
die Frauen, glaubt mir, ich verstehe sie!
Dann wach ich auf, der Mann war weg
das ganze eine Utopie.

DEREINST

Wenn ich dereinst so meinen Hut
zum letzten Mal an einen Haken hänge
und ihr mich lasset dann alsbald
hinab nun in des Grabes Enge.

Verzeiht, wenn es mir nicht gelang,
den letzten Streit zu schlichten,
seid mir gewogen und vergebt,
statt mich hernach zu richten.

Vergebt, wenn ich nicht zugehört,
statt Euch mein Ohr zu leihen,
versuchte immer dennoch Euch,
Aufmerksamkeit zu weihen.

Heilung erbitte ich vom Herrn
für Menschen, die verletzt ich habe,
Geduld war schwierig oft für mich
und so gar nicht meine Gabe.

Wenn ich Euch in der Rede gar
im Eifer schnell mal unterbrach,
so zeigt, bitt ich, Großmütigkeit
und seht mir meinen Fehler nach.

Vom Herrn erflehe Gnad zuletzt,
wo immer ich gefehlt auf Erden,
so feiert recht, trinkt auf mein Wohl,
es soll ein guter Abschied werden.

MITTAGSBLUME

Mitten im wärmsten Sonnenschein
die Mittagsblume sich entfaltet.
Flammend orange der Blütenkelch
im Grün ganz neue Pracht gestaltet.

Und schon von fern mit grellem Schein
den Blütenkranz will sie uns zeigen,
bekränzt mit blauem Salbei dann
vollendet sich der Farbenreigen.

Nun schnell herbei und zaudre nicht,
dass Du dies Wunder hast genossen,
denn schon beim Abendsonnenschein
hat diese Blüte sich geschlossen.

SCHÖNMALVE

Verletzlich und feingliedrig ist die Blüte,
so schön, wie Dich im Arm zu halten,
mit kleiner Traurigkeit und milder Güte,
gemeinsam mit Dir den Augenblick gestalten,
in intensivem Rot sich zeigend,
die Zweisamkeit und Nähe auszutrinken,
aus zart, hellgrünem Blattwerk wachsend,
schweigend, in Leben und Liebe zu versinken.

EISPRINZESSIN

Tief hinter Bergen wohl verborgen,
dort liegt ein Schloss -
wohl hinter Gipfeln, Raum und Zeit,
von eis'ger Kälte still umgeben,
es wohnt dort eine holde Maid.

Ein Königssohn, der von der Jagd
gekommen, in Schnee und Eis
sich zu der Pforte hat verirrt,
er klopfet an, dort eine Nachtstatt zu erhalten,
ist von dem langen Ritt noch sehr beirrt.

Es öffnet ihm ein holdes Wesen,
sie trägt ein blütenweißes Kleid
und bittet freundlich ihn hereinzutreten,
geblendet ist er von der Schönheit dieser Maid.

Gesicht und Haar in Glanz erstrahlen,
wie er es vorher nie geschaut,
mit zarter Stimme, zartem Wesen,
ist er sofort von ihr erbaut.

Im großen Saal ein Mahl bereitet,
sie scherzen, lachen, plaudern fein,
bis dass der Königssohn
sie in sein Herz geschlossen
und möchte nur an ihrer Seite sein.

Und gleich noch in derselben Nacht,
da hat zur Frau er sich die Maid erkoren,
dann auf der kühlen Lagerstatt
sein feurig Herz an sie verloren.

Als er am Morgen dann erwacht
ist fort der Liebreiz und die Maid,
und es erhebt sich wild Gebraus
denn arge Wächter treiben ihn
wohl aus Gemach und Schloss hinaus.

Der Königssohn, er kämpfte sich
mühsam durch Unterholz und Wald,
und als er anlangt krank zu Haus,
erstarrt sein Herz zu Eise kalt.

Tief hinter Bergen wohl verborgen,
dort liegt ein Schloss -
wohl hinter Gipfeln, Raum und Zeit,
von eis'ger Kälte still umgeben,
es wohnt dort eine holde Maid.

SCHMETTERLINGE

Schmetterlinge krieg ich im Bauch,
wenn schwer verliebt ich bin.
Doch dann sich gleich die Frage stellt:
Was machen die da drin?

Ist eine Party dort geplant,
wo Admiral und Fuchs sich treffen,
Feiern mit großem Ringelpiez
und mit Cousins und Neffen.

Ist eine Hochzeit dort im Gang,
Kohlweißling und Zitronenfalter,
der sieht ein wenig zausig aus,
doch hat sich gut gehalten
für sein Alter.

Gibt's ein Konzert, wo Nonnen hier
spielen die Nachtmusik auf Geigen
und der Nachtschwärmer dirigiert,
um Noten, Takt und Pausen anzuzeigen.

Bevor ich es ergründen kann,
seh ich mein Lieb im Garten -
Ihr Flattervolk, es tut mir Leid.
Ihr müsst ein wenig warten ...

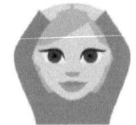

BAUCHKRIBBELN

Schmetterlinge im Bauche kribbeln
ausdrückend verhaltene Melancholie
und auch nach langem Schlafe
trübt neblige Müdigkeit meinen Blick.
Von frischer Luft umgeben,
geht schwer mein Atem,
von leichten Seufzern begleitet.

Leicht ist mein Gang, fast schwebend,
doch spürend alle Fasern des Körpers,
der leise vibriert, von nesselndem Feuer
durchzogen. Mein Blick schweift
in nicht fassbare Fernen,
nur einen liebenden Blick
von Dir zu erhaschen.

TAGTRÄUMER

Schon als ich Kind war, habe ich
den Tag verträumt, war in Gedanken.
Auf weite Reisen macht ich mich,
im Geist, die Welt war ohne Schranken.

In meiner Jugend lernte ich,
dass eingesperrt ich war,
in einem Land
der Mauern und Ketten,
und nur mit Wort und Glauben
konnt ich mich,
beinah ein halbes Leben,
träumend retten.

Als endlich dann die Mauern fielen,
entdeckt ich meine Möglichkeiten.
Ich wachte auf, begann zu spielen,
und konnte meinem Traum den Weg bereiten.

Nun mit der Freiheit, neuem Leben,
sehe ich neu, was träumend man bewegen kann
und will der Welt ich wirklich etwas geben,
muss brechen schreibend ich
der Selbstsucht Bann.

Menschen,
die sich verstehen und lieben,
ich träum mich weiter durch die Zeit,
Tagträumer bin ich stets geblieben.
Gib Dir zum Träumen auch Gelegenheit!

FROSCHKÖNIG

Hallo Prinzessin, Du Schöne da drüben,
spielend mit goldener Kugel fein,
komm doch mal rüber,
ich würde Dich lieben,
gib mir ein Küsschen
und sage nicht nein.

Stört Dich denn wirklich
meine Haut glitschig grüne?
Die ist für den Sumpf gemacht,
würde Dir ja den Goldball retten,
wenn Du mit mir verbringst
die Nacht.

Ein Geheimnis sollst Du noch wissen,
verzaubert bin ich, ein Königssohn,
liegst Du mit mir in Deinen Kissen,
trägst Du reichen Lohn davon.

Nein! Du wirfst mich im hohen Bogen
hier und jetzt an die steinerne Wand
und nimmst Dir den Goldball,
gut - der Prinz war erlogen,
wenigstens starb ich durch Deine Hand.

Die Story endet hier unerwartet
und was als Moral dabei übrig bleibt:
Nicht alles endet so gut wie es startet;
das Leben eigene Geschichten schreibt.

MELANCHOLIE

Seidige Strukturen durchweben den Tag,
mit zartrosa Wölkchen auf hellem Blau,
grübelnd sitz ich am Fenster
und schwer fallen die Reime.

Orangene Strahlen im weißen Licht,
erhellen den ersten Morgen
am Himmel, der mich lachend begrüßt,
doch mein Gemüt ist süß mit Honig verklebt.

Gedanken fliegen durch meinen Sinn,
lächelnde Freude erfüllt das Gemüt,
Erkenntnis, wie kühler Hauch,
lässt mich dann traurig zurück.

NERVENKITZEL

Nervenkitzel in dem Körper,
meine Ruhe ist dahin
und der Bauch, er kribbelt stärker,
nur nach Ihr steht mir der Sinn.

Möchte Ihren Körper spüren
in vertrauter Zweisamkeit,
weiß, dass unsere Ziele führen
nicht auf einen Weg zu zweit.

Herz schlägt kräftig in den Adern,
immer, wenn ich denk an Sie,
kann nicht mit dem Schicksal hadern
und ich spür Melancholie.

WEGE

Wege nach vorne
und Wege zu Seite,
Wege mal schmale
und mal breite.

Wege zum Fahren
und Wege zum Gehen,
Weg der Erkenntnis
und Weg zum Sehen.

Weg in die Ferne
und Weg nach Hause,
Weg zur Arbeit
und in die Pause.

Wege zum Leben
und Weg zum Sterben,
Weg zum Himmel
und Weg ins Verderben.

Viele Wege und Zeichen,
das Verstehen zum Schluss,
das jeder den eigenen
finden muss.

LEBENSPFADE

Wenn auf des Lebens verschlungenen Pfaden,
Wege sich treffen und Wege entzwei'n
und man stets hofft in neuen Gestaden,
die Eine oder der Eine zu sein.

Sucht man nach Körper und sucht man nach Wesen,
hofft beides in der Liebe zu finden,
möcht in den Gedanken des anderen lesen,
Gefühle teilen, gleich flüchtigen Winden.

Doch selten gelingt es, wenn Menschen sich sehen,
einander vertrauen, man lacht und weint,
ein Stück des Weges gemeinsam gehen,
dass die Seele sich von zwei Menschen vereint.

ZEITLAUF

In einem Hafen an der Küste
ein Dalben steht auf festem Grund,
von grauen Wellen leis umspült,
die Zeit, sie nagt an seinem Rund.
Das Holz vermodert und vor allem
ein großes Stück schon abgefallen,
steht er hier in der Wasserwüste.

Auf diesem kleinen Platz im Hafen
da sitz ich, mitten auf dem alten Kai,
die Wellen rauschen ganz verschlafen,
Minuten ziehen leise so vorbei.
Die Zeit zehrt ab, fast unbemerkt,
dem Rost gleich, auch von mir ein Stück.
Schauend, das Leben bleibt zurück.

LEBENSHÄLFTE

Du hast im Leben viel erreicht,
bist überall gut angekommen,
so klug und schön, hast Du ganz leicht
bis jetzt von allem etwas mitgenommen.

Der Job, Familie, Kind - im Leben
hast Du erfolgreich funktioniert.
Fragst, was wird es fortan noch geben,
und was ab jetzt mit Dir passiert?

Im Job muss endlich was geschehen,
denn glücklich warst Du da noch nicht,
doch Neues lässt sich noch nicht sehen,
Du suchst die angenehme Pflicht.

Das Kind geht nun die eignen Wege,
entfernt sich leise von Dir fort,
bedarf nicht mehr der intensiven Pflege,
ist länger nun in Schule und im Hort.

Jetzt heißt es neuen Kontext finden,
in der Familie neue Kommunikation,
sich nicht an alte Langeweile binden,
denn lange Tage hast Du schon.

Im Spiegel erste Fältchen zeigen
die Endlichkeit der Schönheit,
wie der Zeit, doch gilt es auch
die zweite Hälfte zu bestreiten,
denn bis dorthin ist es noch weit.

FKK-STRAND

Am Ostseestrand im heißen Sand
viel nackte Menschen in der Sonne liegen,
Sie pflegen hier den Müßiggang,
bemühn sich, keinen Sonnenbrand zu kriegen.

Zwei Jungen rappen an dem Strand
zur Unterhaltung für ein junges Mädchen.
Ein Buggy tuckert klingelnd hier vorbei,
hält feil wohl Bier und Eis mit seinem Lädchen.

Und nur der kleine Kasimir,
der ist als Einziger noch angezogen,
gelber Südwester, blaue Hose, rotes Shirt
unter dem Handtuchschattenbogen.

Mit weißer Kelle buddelt er,
als ob es um sein Leben ginge,
die Möwen lachen laut dazu,
jeder ist guter Dinge.

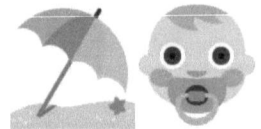

SEGELN

Mit weißen Segeln auf dem blauen Meer,
Dein Kurs liegt an ins unbekannte Land,
vom Heimathafen kommst Du her,
den Blick zum Horizont gewandt.

Mit festem Griff das Steuer ist gefasst,
Dein Schiff teilt gischtend manche Welle,
nun frischer Mut begleite Dich
und sei wo nötig hier zur Stelle.

Wenn harter Wind Dir bläst entgegen
und Dir die See nicht gnädig ist,
halt fest am Boot Dich mit der Hand
bis Du dem Sturm entronnen bist.

Und herrscht nicht immer gute Sicht,
so wende stetig Deinen Blick,
dass Du die Sterne klar erkennst
und treibst nicht Deinen Weg zurück.

Mit harter Arbeit hier an Bord
bezwingt Du so Meer und Gezeiten.
Der Segen möchte Deinen Weg
durchs tiefe Wasser stets begleiten.

LIEBESMOND

Dort hinter kahlem Feld zur Nacht
ein roter Mond am Wald erscheint,
den Liebenden zur treuen Wacht,
wo stille Trennung er beweint.

Erblassend zieht er fort ein Stück,
wird weiß und fahl, so möcht ich meinen.
Ohn Dich mein Lieb, find ich kein Glück
und werde einsam, schlaflos weinen.

Schlaf wohl mein Lieb und träume süß,
bei nächtlich schönem Mondenschein,
für mich wär es das Paradies,
könnt ich jetzt nahe bei Dir sein.

GEIST

Tagträumer haben dort im Nachbargarten,
des Nachts, den Geist der Unzufriedenheit entdeckt.
Er lässt uns oft auf Unerreichtes warten,
will stets bei andern wissen,
was hinter allen Dingen steckt.

Warum hab ich es nicht? So fragt er mit Verdruss.
Das will ich auch und werde es nicht kriegen.
Die Antwort darauf diesem roten Geist zum Schluss,
er bleibt des Morgens still und faul
in seinem Bette liegen.

HIDDENSEE

Sand, Dorn, Sanddorn,
Kuh, Horn, Kuhhorn,
Sanddorn, Kuhhorn auf der Weide,
Kühe grasend in violetter Heide.

Sand, Meer, Sandmeer,
Meer, Sand, Meersand,
Sandmeer, Meersand viel Natur,
Kranich steht in grüner Flur.

Schiff, Hafen, Schiffshafen
Meer, Deich, Meeresdeich,
Schiffshafen, Meeresdeich und Wind,
der treibt vor sich die Gischt geschwind.

Leuchte, Turm, Leuchtturm,
Dorn, Busch, Dornbusch,
Leuchtturm Dornbusch, auf der Höh,
ist weit zu sehen von der See.

Rot, Dorn, Rotdorn,
Heide, Schnuck, Heidschnuck,
Rotdorn, Heidschnucken und Schlehen,
die Zeit scheint langsam hier zu gehen.

FRÜHLING

Ein unbestimmtes Drängen in der Brust,
in klarer kühler Morgenluft,
ein zartes Sehnen, eine Lust.

Ein frühes Werden, erstes Blühen
und von der Erd ein erster Duft,
im Bauch ein kribbelnd sanftes Ziehen.

Im Kopf ein leiser stet'ger Laut,
ich höre leise Wasser rauschen,
prickelndes Kribbeln in der Haut.

Und bis zum Halse klopft mein Herz,
voll Glück will ich nicht tauschen,
ein unbestimmter Wehmutsschmerz.

Wenn Du so voll von allem Schönen bist,
was um Dich her so gierig lebt und strebt,
ob das der Frühling ist?

FEUER

Ein abendliches Feuer brennt
hier vor mir in der Dunkelheit
und Sterne dort am Firmament
strahlen im Licht der Ewigkeit.

Die Flammen züngeln, brodeln, zischen
aus heller roter Glut geboren,
ergreifen manches Holz dazwischen,
und was sie finden ist verloren.

Kein Löschen hilft, sie fressen dann
sich stet voran und Stück für Stück
verbrennt nun, was nur brennen kann,
nur heiße Asche bleibt zurück.

Ein Sternschnupp oben leis verglüht,
grad als die letzte Flamm vergeht,
ein Wunsch, dass helle rote Glut
in einem Herzen neu entsteht.

HIMMELSFISCHE

Dort drüben, überm kahlen Feld,
da hat ein steifer Wind aus Westen
zwei Himmelsfische her geblasen,
die geben Flugkunst hier zum Besten.

Sie räkeln und sie winden sich
und tun als ob es ein Leichtes wär,
zweifache Saltos hier zu drehen,
dort oben in dem Lüftemeer.

Die Fische heißen Sepp und Hans
und drehen Pirouetten hier am Fleck,
doch als die nächste Windböe kommt,
da sind die beiden plötzlich weg.

SCHWERMUT

Von müder Traurigkeit durchdrungen
und alle Glieder bleiern schwer,
heut wird mein eigenes Leid besungen
und das Gefühl, ich kann nicht mehr.

Wo ist die Liebe, wo die Lieben,
werd müde lächelnd nur begähnt,
wo sind die Freunde nur geblieben,
die an der Seite ich gewähnt.

Ich bin allein, kann nicht entrinnen,
die einsam arme Seel bin ich,
so die Tragödie kann beginnen,
ganz lebensmüd bedaur ich mich.

Schwermütig sing ich meine Lieder,
die Hoffnung ist entflohen schon,
auch steinern schwer die Augenlider
und einzig Leere ist mein Lohn.

HÜTE

Ich bin ein Mann mit vielen Hüten,
ein jung gebliebener alter Narr,
die trage ich, um eine Glatze zu bebrüten,
das Hirn im schütteren Haupte ist noch klar.

Ich mag die schönen schlauen Frauen,
von ruhigem besonnenem Gemüt,
denn diesen ist Besonderes zuzutrauen,
auch wenn's nicht jeder sogleich sieht.

Meine Gedanken und Gefühle,
sie sind in Reime oft gepasst
und zeigen Euch die Wechselspiele,
wenn lesend Ihr den Text erfasst.

So seht mir nach, wenn unbedarft
nicht jeder Reim mir gut gelang,
versucht ich doch in Wort zu fassen
nur meiner eignen Seele Klang.

MORSEZEICHEN

.-- --- / -.... .. ... - / -.. ..- / -- . .. -. / .-.. .. . -... --..-- / .-- --- / -.... .. ...
- / -.. ..- / --. . -... .-.. .. . -... . -. --..-- / ...- . .-. -- .. .. / -.. ..
-.-. .... / ....-. / .-. ... . . .-. / -- ---. -.-. .... . / -.. .. -.-. .... / .-.. .. .
-... . . -. .-.-/

-.. . . . -. . / .... . .-. .... ---. -. .... - / .. ... . - / -- . .. -. . .-. / .-. ..- ---. . .
-. . / -- . . . . . .-. -. . -. / .... --- / -.- --- -- -- / -.. --- -.-. .... / -.. .. -.-. / -- .. .-. /
-- .. . .-. --..-- / -. .. . . --- . -.-. . / -- . . .-. / --. -. . -. .-.-/

.. -. . -.. / -.- . -. . -. . . . / -.. ..- / --. . .-. . -.. . / -. .. -.-. .... - / -... . .
-.... . . / -- . .. -. / .... -. --..-- / ... --- / ... . . .-. - / .. -.-. .... / -.. . .
-.. .. .. .-.. -.. .. ... --. / .. -. -.. / ....-. .-. . / -.. . .. -. .-.-

MORSEZEICHEN (KLARTEXT)

WO BIST DU MEIN LIEB,
WO BIST DU GEBLIEBEN,
VERMISSE DICH SEHR
UND MÖCHTE DICH LIEBEN.

DEIN SCHÖNHEIT IST
MEINER AUGEN GLANZ,
SO KOMM DOCH ZU MIR,
GEHÖRE MIR GANZ.

UND KANNST DU GERADE
NICHT BEI MIR SEIN,
SO WART ICH GEDULDIG
UND HARRE DEIN.

DÜNE

Hier in der Düne an dem Strand,
da möcht ich einsam mit Dir liegen.
Durch meine Hand rinnt feiner Sand,
im Wind sich leicht die Gräser wiegen.

Die Brandung unablässig geht
und Wellen rollen übers Meer.
Der Duft von Tang herüber weht,
den bläst der Wind von Westen her.

Hundsrosen blühen ganz versteckt
und Haut, sie duftet in der Sonne.
Lang auf dem Handtuch hingestreckt
genießen wir des Lebens Wonne.

TRUNK

Heut Abend hab ich mich zum Test
in einer Bar dem Trunke mal ergeben.
Ich weiß es wohl, das soll man nicht.
Die Frage ist: Lässt es sich so passabel leben?

Probleme sind ganz sicher nicht
mit einem großen Schluck zu lösen,
doch mit dem eingetranten Hirn,
da kann man herrlich dröge dösen.

Und trink ich oft, werd ich nicht viel
von meinem Geld der Welt vererben,
wahrscheinlich werd ich dann schon bald
von dem Gebräu ganz elend sterben.

Wen kümmert's, wenn vom Alkohol
aus dieser Welt ich siechend scheide?
Erlöst hat Longdrink Cosmopolitan & Co.
mich dann von meinem eignen Leide.

Deshalb ist hier der Test vorbei,
ich geh und zahle meine Zeche,
ich hab genug getrunken heut
und möcht nicht, dass ich mich er...

Konferenz

Von Hopp auf gleich, am Küchensee,
wurd ich zur Konferenz geladen,
in Zuckerhut am Zuckerweg mit Tee,
es trafen sich die Tagtraumliteraten.

Gleich nebenan, da fanden sich
die Spinner ein vom Eichenbaum
und übten eine Prozession.
Ich diskutierte einen Tagestraum.

Doch schon nach einem Augenblick,
da war die Konferenz vorbei,
des Weges hat ich noch ein Stück,
per Auto durch die Murkelei.

APOKALYPSE

Sinnend wandelte ich,
traf unversehens
einen zarten Engel
mit federnen Schwingen.

Er blickte mich an,
in blau-weißes Feuer gehüllt.
Schauend in seine Augen,
konnt ich den Blick nicht wenden.

Zaghaft streckte ich die Hände
zum Gruße der weißen Gestalt.
Sie gab ihre Hände in meine,
blass-blau züngelten die Flammen.

Schmerz erfasste jäh mein Herz,
mit unendlicher Sehnsucht
und bebenden Leibes erwartete ich
das nach mir lechzende Feuer.

Erkennend ein geliebtes Gesicht,
in Augen unrettbar ertrinkend,
das leichte Lächeln erwidernd,
zerfiel ich brennend zu Staub.

U-BOOT

Es trafen sich die Tagtraumliteraten
in einem U-Boot an dem Ostseestrand
und machten sich, ihr werdet es erraten,
auf diesem mit dem Meer bekannt.

Sie stachen gleich von Lübeck
mit ihrem U-Boot in die See,
doch war das Wasser hier voll Dreck,
voll braunem Trüb und grün wie Klee.

Stunden danach da hatte man
Quallen und einen Hering nur gesichtet,
im ganzen nichts, worüber dann
das Fernsehen abends gern berichtet.

Bullauge blind, das Boot fuhr noch
zwei weitere Stunden ohne Sicht.
Erbauung fand sich schließlich doch,
denn Sicht braucht man zum Träumen nicht.

MARZIPANBANK

In Lübeck wollten Tagtraumliteraten
wohl eine Bank für Marzipan begründen
und so mal einen interessanten Weg
zum Kapitalmarkt neu erfinden.

So wurd gekauft an Marzipan,
was sich nur alles finden ließ.
Eis, Brote, Torte, Trüffel kamen an,
für sie war es das Paradies.

Doch in der kleinen Hansestadt,
da wurde es schlecht aufgenommen,
war doch an keinem einz'gen Fleck
das leckere Süß mehr zu bekommen.

Das gammelt jetzt in Lagerhäusern
und wird von Würmern dort gefressen,
und alle Leute müssen Marzipan
aus Stralsund an der Ostsee essen.

MATROSEN

In einem nicht genannten Hafen,
da wurden Tagtraumliteraten keck Schanghait,
dann als den Rausch sie hatten ausgeschlafen,
begann sogleich erzwungene Arbeitszeit.

Deck schrubben, Segel auf und niederholen,
stand nun auf ihrem Arbeitsplan,
das kam die träumend Intellektuellen
mitunter doch recht sauer an.

Die Reise zu den Inseln hinter Winden
war harte Arbeit, wenig Brot und blanker Hohn.
Das konnt bei Träumern keine Freunde finden,
doch immerhin gab es noch späten Lohn.

Denn als nach vielen Monaten
sie langten an zu Haus von großer Fahrt,
da war ein jeder Tagesträumer
ein Mann von ganz besonderer Art.

FLUG

Tagträumer wollten in den Urlaub fahren
und hatten einen Flug gebucht,
der Plan stand fest bereits seit Jahren
die Airline in den Urlaub war sehr gut besucht.

So kam es, dass die Plätze knapp geworden, während die
Schlange war noch riesengroß und Menschen warteten
in großen Horden. Die Stewardessen fragten sich: Was
machen wir jetzt bloß?

Der Copilot, er löste das Problem,
Gepäck und auch Gestühl wurde zu Haus gelassen, so
standen alle schließlich ganz bequem und auch das
Flugzeug konnte so die Menschenmassen fassen.

Ihr glaubt, die Story ist erfunden?
Darauf entgegne ich Euch fein,
fliegt einfach mal, so in den
Urlaub ein paar Runden,
dann werdet Ihr geläutert sein.

WELLEN

Am Fluss, da bilden kleine Wellen
aus Lichtern einen wilden Tanz.
Aus Farben, neue Formen sich erstellen,
im steten Spiel im Wasserglanz.

Sind wir auch solche Wassertröpfchen,
geworfen endlos auf und nieder,
trotz unserer schlauen Menschenköpfchen,
treibend durchs Leben immer wieder?

Da glaube ich doch lieber daran
bei diesem endlosen her und hin,
dass mir da jemand helfen kann,
zu finden im Chaos tieferen Sinn.

NAUTILUS

Ihr Lieben, habe mich soeben
an Bord der Nautilus begeben,
wir suchen jetzt im Ozean
den letzten großen Leviathan.

Der ist im Meer eine Seltenheit,
doch auf dem Kurs, da ist auch Zeit,
zu fischen Plastikflaschen, Tüten,
die sollte die Welt ja glatt verbieten.

Die treiben zuhauf hier im Wasser herum
und bringen die Meerestiere um,
so haben wir sie dann aufgelesen,
zu stoppen dieses Müllunwesen.

Der Leviathan wurde nicht gefunden,
denn auf der Fahrt nach einigen Stunden
war Plastikmüll in jeder Ecke
und auch gestapelt bis zur Decke.

Den Kurs zurück wir mussten fahren
und alle Räume schnell aufklaren
und ihr Tagträumer lernt dabei,
was für die Welt so nötig sein.

KOMPLIMENT

Was soll ich über Dich berichten?
Du spukst in meinem Kopf herum
und ich erdenk' die wildesten Geschichten,
denn Du gehst mir im Herzen um.

Was soll ich weiter von Dir sagen?
Ein kühles Herz mit heißem Blut,
das fragt: Soll ich es tun und wagen?
Ich sag Dir nur, ich bin Dir gut.

Was werden andere von Dir denken?
Du fragst, ob denn die Welt Dich mag?
Die Antwort kannst getrost Dir schenken,
der Liebe versichert jeden Tag.

Und fragst Du, bin ich denn gemeint?,
so sag ich's Dir mal ohne viele Worte
in einem kurzen Satz vereint:
Du bist das Marzipanstück auf der Torte.

SEHNSUCHTSBLUMEN

Tagträumer finden einen Garten,
in welchem Sehnsuchtsblumen blühen.
Der Pflege dieser seltenen Arten
gilt dort ihr gärtnerisches Bemühen.

Cafunè mag die Nähe sehr
und möchte gerne gestreichelt werden,
Meraki gibt man sein Herzblut her
zu allem, was man macht auf Erden.

Ubuntu braucht viel Sympathie,
so wie sie Menschen können geben,
Nefelibata liebt die Phantasie,
zeigt Wege zum Träumen in unserem Leben.

Mamihlapinatapai, wie wunderlich,
lässt dennoch keine Blüte sehen,
denn jedes Pflänzchen wagt nicht für sich,
den ersten Schritt voran zu gehen.

Die Sehnsuchtsblumen brauchen Pflege
und keine im Garten steht für sich allein,
das mag für alle Tagtraumliteraten
Aufgabe genug fürs Leben sein.

FISCHER

Ein Fischer fährt aufs Meer hinaus,
um auf den Hering auszugehen,
bleisilbern sieht das Meer heut aus,
ein Sturm kommt auf,
wie man ihn lange nicht gesehen.

Ermahnt im Hafen zu verweilen,
das Schicksal nicht zu fordern heut,
sein Boot aufs Meer beginnt zu eilen,
der große Fang, er lockt,
der Fischer hofft auf reiche Beut.

Die Wellen rollen hoch und schwer,
das Boot stampft mühsam sich voran
und Wind reißt Wasser aus dem Meer,
die Netze aus heißt es nun geschwind
damit man reichlich fangen kann.

Die Taue spannen sich an den Ringwaden,
an Bord nun mit dem Jahrhundertfang,
die Netze sind zum Bersten beladen,
der Fang erfüllt den Laderaum, doch
des Fischers Freude währt nicht lang.

Drei Schwestern rollen wild herbei,
die wird das Schiff nicht überstehen
und mit dem Fischer ist es vorbei,
er geht von Bord, das Boot schlägt Leck
und keiner hat es mehr gesehen.

ALLTAG

Was meint man denn,
wenn man so sagt:
"Der Alltag hat mich wieder."
Und singe alte Weisen ich,
oder versuch ich neue Lieder.

Werf ich ein paar Tabletten ein,
um schmerzfrei schnell zur
Arbeit dann zu eilen
und hektisch viele Dinge dort
zu tun, oder versuch ich zu
verweilen.

Hat mich vielleicht die Leere wieder,
die ich dann ängstlich füll mit neuem
Schein, oder gelingt es mir zum ersten Mal,
so wirklich dann ich selbst zu sein.

Erfüllt sich Liebe, wie erwartet
und für mich selbst erwünscht so oft,
oder bleib einsam wartend ich zurück,
weil jeder Mensch wohl etwas anderes erhofft.

Die schlaue Antwort hab ich nicht
und schaue meinen Kater an,
der schaut gedankenvoll zurück.
"Ob der was für mich tun kann?"

EINMANNSCHLANGE

Wir warten oft und viel im Leben,
denn Warten muss mitunter sein
und soll es etwas richtig Gutes geben,
so ist die Warteschlange niemals klein.

Da wo ganz viele Menschen stehen,
ist Drängelei auch steter Gast
und Dir wird es nur gut ergehen,
wenn vorne Du ein Plätzchen hast.

Deswegen warte ich nur auf Dich.
Und von der Geschichte die Moral,
bei wichtigen Sachen, da beeilt man sich.
Die Einmannschlange ist das Ideal.

STILLE

Stille nicht Fülle! In Kühle geboren
Die Nacht! legt sich auf mein Herz,
Erwacht! mit leisem Schmerz,
fühl ich mich verloren.

Stille nicht Fülle! Schwarz rings umher,
Sternengefunkel und bläuliches Flirren,
Stimmengemunkel, Raunen und Girren,
mahnt ängstlich stille Umkehr.

Stille nicht Fülle! In der Ferne
Ein Laut! der sich klagend aufbaut,
Wind! streichelt zärtlich die Haut,
Erinnere an die Fülle mich gerne.

Stille und Fülle!

WIND

Wind pfeift ums Dach und hält mich wach,
ich denk an Dich und sehe wieder
die schöne Zeit mit Dir,
die Stunden sind wie eben
im Gedächtnis mir
und ich erinnere sie
sehr inniglich.

Wind trägt Gedanken an Dich fort,
ich weile hier an einem Ort,
wo Regenbäche prasselnd
von den Dächern rinnen,
verliebt bis über beide Ohren.
Was habe nur im Regen ich
und in der weiten Welt verloren?,
mein Glück, es scheint
unendlich weit von mir,
von hinnen.

Wind bläst vom Dache hier
in weite Ferne
einen Wunsch zu Dir,
ich möcht Dich wiedersehen,
mit Dir gemeinsam dann
vom Himmel holen
die funkelnd hellen Sterne,
die ach so sehnsuchtsvolle Zeit
hier so im kalten frischen Wind,
sie scheint für mich ganz
quälend still zu stehen.

ZEITGESTALTEN

Gestalten in der Dunkelheit,
geboren in ganz anderer Zeit.
Sie gaffen und sie stieren gar
hier auf den Leser, das ist klar.

Der Nebel von Erinnerungen
ist mit der Dunkelheit verschlungen.
Er lüftet sich ganz unverwandt,
gleich wie durch Feuerloders Hand.

Und Blicke in vergangene Zeit
mit einem Hauch Unendlichkeit
eröffnen sich für kurze Frist,
der Eindruck nicht von Dauer ist.

Vergeht im Flug, gleich einem Schleier
Herbstnebels über dem kalten Weiher,
lässt mich zurück, erstaunt, beglückt,
im Augenblick der Zeit entrückt.

TAGTRÄUMERSPRACHE

Tagträumer erfanden eine Sprache,
die konnten allein sie verstehen,
ein erster Test lief gut in dieser Sache,
sie konnten gleich Erfolge sehen.

Tagträumer hatten kein Problem
so miteinander klarzukommen,
jedoch von allen anderen wurde das System
der Sprache gar nicht wahrgenommen.

Denn während sie sich unterhielten
so was die Welt hatte gepfiffen,
die andern gleich nach innen schielten
sofort von tiefem Schlaf ergriffen.

Tagträumer kamen zur Erkenntnis,
solch eine Sprache ist nichts für die Welt,
den Grundprinzip ist ja Verständnis
das keinen außen vor behält.

LINDENDÜFTE

Lindendüfte mich umwehen,
leiten sanft den Sommer ein,
wie der Blumen zartes Flehen
an dem Wald und Wiesenrain.

An des Waldsees stiller Lichtung
grüßt mich gelber Lilien Glanz
und im Grün aus jeder Richtung
summt der Bienen emsiger Tanz.

In des stillen Wassers Kühle
ich erfrisch mich durch ein Bad,
von des Tages sonniger Schwüle
auf dem baumumsäumten Pfad.

Leg im Grase mich dann nieder,
denk an Dein lachendes Gesicht,
an das erinnert ich mich wieder,
schreibend der Liebsten ein Gedicht.

MITTSOMMER

Mittsommer ist's, die Tage lang,
gefüllt mit fröhlichem Gesang,
die Linden summen grün und schwer,
besucht von vieler Bienen Heer.

Der Tag ist seidig, klar und heiter,
der Weg heut leicht, ich geh ihn weiter,
die Vögel zwitschern, zieh'n die Brut,
am Abend lockt des Feuers Glut.

Die Stunden lang im Sonnenlicht,
man sitzt mit Freunden lacht und spricht,
solch Tag so rosig, sanft und schön
er sollte nie zu Ende geh'n.

HERBST

Erwarte die Fülle! Jetzt ist er da,
Der Herbst! Es glänzt die volle Traube,
Der Wein! steht da in buntem Laube,
wie ich es vorher niemals sah.

Erwarte die Fülle! Die Quitten reifen
in sattem Gelb! Und goldnes Licht belebt
Netze! Von Spinnen zart und fein gewebt,
und Äpfel zeigen erste, rote Streifen.

Erwarte die Fülle! Beherzt in
warmer Sonne träumend liegen,
nach erster Morgenkühle schon,
das ist des Dichters wahrer Lohn,
genießen möcht' ich in vollen Zügen.

SCHÖNER HERBST

Schöner Herbst beginnt mit Sonne,
seidig durchstreift das Licht die Flur,
doch auch die volle Regentonne
gehört zum Spiele der Natur.

In Farbenpracht die Blätter leuchten
in weinrot, gelb, orange und braun
über den See ziehen Nebelschwaden
ganz weiß durchglänzt,
schön anzuschaun.

Vom Tau durchnässt sind alle Ritzen
und erster Frost durchzieht den Rain,
unter noch grünen Blättern sitzen,
die Früchte prall im Sonnenschein.

Die Pilze aus der Erde schießen,
gesprenkelt bunt mit rundem Hut,
aus Blätterkronen sich ergießen,
Tropfen in blinkend nasser Flut.

Auf wald'gem Wege wir spazieren,
reden und scherzen, sind vergnügt,
derweil muss ich dabei sinnieren,
wie End zu Anfang hier sich fügt.

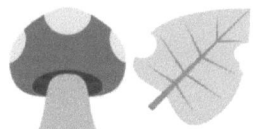

GÄNSEZUG

Herbstsonne getauchte,
windgestauchte
Blätter, goldumwobene
flink zerstobene
Reflexe aus Licht.

Himmel hell blauend
Geräusche, abflauend
Gänse gackernd ziehen
nach Süden entfliehen
warme Gefilde in Sicht.

Verbleibend erkalten
hölzerne Gestalten,
Bäume, kahl und entlaubt
des Schmuckes beraubt,
nahen Winter zu künden.

Wo nur werde ich, ruhelos,
Seele allein, nackt und bloß,
nach des Eises Zeit,
fliegend nordwärts, bereit,
neuen Frühling dann finden?

WINTERSTÜRME

Die Winterstürme kräftig wehen
bei mir ums Haus in dieser Nacht,
sie haben, ach, ein neues Flehen
aus alter Glut erneut entfacht.

Vielleicht auch sollte ich versinken
in dieser schönen Augen Blick.
Es war mir, als müsst ich ertrinken
und merkte es gibt kein zurück.

Und wie im Ofen, Feuerzungen schlagen
mir um das Herz in wilder Gier,
doch still erduldend ohne Klagen
in Einsamkeit verweil ich hier.

Ein Lied aus leisem Schmerz geboren,
das voll von Liebesleid und Weh,
dringt wie von fern an meine Ohren,
gefrorene Tränen ich am Fenster seh.

PLEJADEN

Erwacht zur Nacht, da habe ich
im oberen rechten Fenstereck
wohl die Plejaden grad entdeckt
und noch halb träumend frag ich mich,
was sich dahinter wohl im All versteckt.

Ist da ein großes schwarzes Nichts?
vom Hauch der Ewigkeit umweht,
das schluckt die Strahlen allen Lichts,
um das die Galaxie sich dreht.

Und wer bin ich? Der ich da eben
habe im Garten Luftballons drapiert
und ließ ein Schulkind dann hochleben
und hab vom Lernen selber nichts kapiert?

Was muss ich lernen? Welche Sachen?
Die Demut vor dem Leben fällt mir ein
und dass wir uns als Menschen
zu viel Sorgen machen,
und sind doch unterm Firmament
nur winzig klein.

AUGENBLICKE

Von Augen gemustert,
fordernd und lockend,
besinne Dich gut.
Was ist Dein Begehr?

Wie verschieden sind sie doch,
von der Mutter ermahnender Strenge,
dem gütigen und verstehenden Blicke,
in Fürsorge auf das Kind gerichtet.

Nun aber in fordernder Klarheit
und Kampf, wie Nähe heischend,
mein Freund auf Dich geworfen.
Was wird Dich erwarten?

Die Eiseskälte, des blaustarrenden Flusses,
die Unergründlichkeit des kühlen grünen Weihers ,
die Zartheit des Rehs mit braunen, großen Augen,
das Feuer und die Glut des roten Vulkans?

So find es heraus!

SCHLUMMER

Lieb, meine Augen
ruhn auf Dir.
Ich möcht nicht wenden
meinen Blick!
Mein Herz ist ganz
verfallen Dir.
Ich weiß es gibt hier
kein Zurück.

Dich so in meinen Armen
schlummern sehen,
ist mir das Höchste der
Vergnügen!
Die Zeit scheint ein
Sekündchen still zu stehen
und wir im Paradies
zu liegen.

OFFENE FRAGEN

Du, von Schlummer umfangen,
Ich, noch voll Verlangen,
Zeit, steht still,
Ist es das, was ich will?

Du, unruhig im Getriebe,
Ich, noch voller Liebe,
Zeit, nur eine kurze Gabe,
Ist es das, was ich habe?

Du, fern von mir,
Ich, noch alleine hier,
Zeit, nicht für beide,
Ist es das, was ich meide?

Du, hier und nicht da,
Ich, noch hier Dir nicht nah,
Zeit keine,
Ist es das? Und ich weine?

SONNE

Sonne, du gleißende Schönheit,
Himmel erhellende wärmende Kraft,
scheinend und füllend den Äther,
schenkst grünendes Leben der Erde.

Freude bringend uns Menschen,
Wolken treibend durchs luftige Blau,
Musik der Vögel begleitet
das fröhliche Treiben am Himmel.

Regen vertreibend und graue Nebel,
Zweifel zerstreuend im Winde,
Kraft füllt erneuend den Himmel,
zerreißend die Wolken im steten Spiel.

Abend beginnend in leuchtenden Farben,
Rot-seiden erstrahlend den Horizont,
Frieden spendend zur Nacht
der Seele zum ruhigen Schlafe.

ANKUNFT

Du bist nun da nach einer langen Zeit,
mein Herz macht Freudensprünge,
mir war es wie die Ewigkeit.
Ich zittre in Erwartung schöner Dinge.

Dein kleiner Ruf nur: "Ich bin da!",
der lässt mich leis erbeben.
Und ach, wie ferne warst Du mir
und stehst nun wieder an der Tür zu
meinem Leben.

Umarmen, streicheln tu ich Dich
und spür den kleinen Kuss von Dir.
Die Trennung war sehr schwer für mich.
Nun bist Du endlich wieder hier!

VERSETZT

Erwartungsfroh, so steh ich hier,
Du wolltest endlich zu mir kommen.
Wie blank geputzt ist alles hier,
ich hab die Zeit mir frei genommen.

Zur halben Stunde kommst Du an,
Getränke, Obst und Kerzen stehn bereit.
Wie ich es kaum erwarten kann
und freu mich richtig auf die Zeit.

Gleich ist es soweit, ich schau, von Dir,
da ist noch leider nichts zu sehen.
Ich steh und seh die Menschen hier
und bleibe noch ein Weilchen stehen.

Schon halb vorbei, Du bist spät dran
und hoffentlich ist nichts geschehen?
Ich weiß nicht, was ich machen kann
und kann Dich immer noch nicht sehen.

Nachricht kommt spät per e-Mail nun,
Dir ist dazwischen was gekommen.
Jetzt steh ich da, als blödes Huhn
und fühl mich einsam und beklommen.

BORDERLINE

Habe hinter blinkenden Augen
und Gesprächen in vielen
durchwachten Stunden
einen Menschen, mit der Seele
wie der meinen, gesucht
und ein spielendes Kind gefunden.

Versuchte ich zu fassen Dich,
so hast Du schnell mit Lachen Dich entwunden.
In einem Spiel befand man ständig sich,
hat Dich und ein Ergebnis nie gefunden.

Wachse , lass Worten Taten folgen,
damit die Freundschaft weiter geht,
eh Dich, Du süßes nettes Wesen.
die Zeit in der Erinnerung verweht.

‚Vielleicht', das ist Dein Lieblingswort,
sei doch so gut und lass es fort.

PERFEKTION

Ich hab's im Griff,
kann kontrollieren,
so dich und mich,
die ganze Welt.

Doch wie nur
soll ich reagieren,
wenn sich die Welt
nicht daran hält?

Mein Plan war gut.
Er machte alles
was ich im Sinn
dabei bedacht.

Was hat der Zufall,
kleiner Schlingel,
dann nur aus diesem
Plan gemacht.

Es geht die Welt
stets eigne Wege,
fragt nicht nach
meinem Ziel zuvor.

Nun steh ich da
mit meinen Wünschen
und fühl ein wenig
mich als Tor.

ENTWINDEN

Winden, drehen, weitergehen,
Blick vorwärts, nicht zur Seite sehen
getrieben, wenig Zeit,
nicht bereit,
im jetzt und hier
kurz mit mir still
zu stehen.

WAS BLEIBT

Was bleibt, wenn Wege sich entzweien,
man voneinander fernwärts strebt
und nicht bereit ist zu verzeihen,
sich langsam auseinander lebt.

Wenn Narben von Verletzung bleiben
und man den andren nicht versteht,
nicht fähig, offen sich zu schreiben
und streitend auseinander geht.

Man will dem anderen lieb begegnen,
an Unvermögen scheitert man
und muss mit Schmerz traurig erkennen,
dass man den Weg nicht ebnen kann.

Was bleibt, wenn Wege sich entzweien,
man voneinander fernwärts strebt.
Erinnerung an schöne Tage,
mit der man hoffend weiter lebt.

WASSERUHR

Tagträumer hatten eine Uhr in Bau,
die Maß die Zeit in Wasserkrügen,
diese ging anfangs sehr genau
keine Minute blieb so liegen.

Dann kam ein großer Regenguss,
das Nass es kam mit ungeahnter Kraft,
dabei schwoll an der Wasserfluss,
so wurde von den Träumern
der erste Zeitsprung
in der Welt geschafft.

Denn während in dem Dorfe noch
im täglich langen Einerlei,
die Kirchturmuhr grad auf
die zehnte Stunde kroch
war Mittag bei der Träumeruhr
schon längst vorbei.

Und die Moral von der Geschicht'
wenn Dich versucht die Relativität
zu necken, verlasse Dich auf
manche Träumereien nicht,
versuche mal von außen
das System zu checken.

LÖWENTELEGRAMM

Liebste Prinzessin aus dem Eis,
Du bist ne Schönheit, wie ich weiß,
an Dich hab ich mein Herz verloren
und Dich zur Freundin auserkoren.

Nur ein Problem, das gibt es halt,
der Nordpol ist mir viel zu kalt,
drum bitt ich Dich, komm doch zu mir,
ich wart im warmen Grasland hier.

Ich habe mir ein Herz gefasst,
Dich einzuladen als mein Gast,
zum zweiten Frühstück oder Essen,
versprochen - Du wirst nicht gefressen.

Drum kaufe Dir ein Fahrrad schnell,
bis Weihnacht bist Du dann zur Stell
und kannst dann ganz bequem beim Speisen,
faul in der Sonne liegend, gut enteisen.

So glaube mir, es wird famos.
Wie überzeuge ich Dich bloß?
Beim zweiten Baum in der Savanne da,
es wartet, Dein Lieber Löwe, Afrika.

TAGTRÄUMERPHILOSOPHIE

Was ist es eigentlich das Leben?
Oder ist Leben nur ein Traum?
Und träumen wir nur Leben eben?
Leben wir nur und träumen kaum?

Die Grenze, sie ist fließend
und verschwommen,
und einen Limes gibt es nicht,
denn es ist grenzenlos,
was wir im Traum bekommen,
begrenzt ist einzig unsre Sicht.

Denn jeder Mensch schaut auf die Dinge
und jedes Ding ist manifest im Traum,
Interesse von Menschen und an Dingen
bestimmt hier also Punkt und Raum.

Und wo wir uns denn grad befinden,
das definieren wir mit Phantasie,
und im Zusammenspiel mit
anderen Menschen gründen
wir Räume, erleben und erweitern sie.

Wenn Gott gegeben ist das Leben,
so sind wir Pünktchen nur im Raum,
doch wurde uns ja etwas mitgegeben.
Geschenk ans Leben ist der Traum.

DICHTERWUNSCH

Am alten Wein wächst eine Traube,
ganz leise, wohlgestalt und schön,
im leuchtenden Kleid, so dass ich glaube,
Besseres hab ich noch nie geseh'n.

Vorsichtig pflück ich die feine Rebe,
schmecke des süßen Saftes Fluss
und glücklich, dass ich so unbändig lebe,
kost ich genießend ihren Kuss.

So möcht mich die Muse auch berühren!
Und kurz verweilend dann, am Borne des Genusses,
da kann ich ihren zarten Atem spüren, bringen in Verse
dann mein Herz des Überflusses.

MUSIK

Musik erfüllt mein ganzes Leben.
Was tät ich, würde es sie nicht geben?
Was wär ich für ein armer Tropf,
hätte ich nicht stets Musik im Kopf.

Ihr Klang erfüllt mein Denken, Fühlen
kann mit ihr meinen Kummer kühlen.
Mit Harmonie, man glaubt es kaum,
entflieht man sogar Zeit und Raum.

Gitarrenklang lässt mich entschweben
zu einem neuen besseren Leben
und schwebend sanft, auf ihren Schwingen
beginne ich ein Lied zu singen.

Ihr Feuer Rhythmus und Gewalt
lässt keinen Mensch auf Erden kalt
und ihrem wundervollen Reich
kommt nur die Liebe wirklich gleich.

VERGISSMEINNICHT

Im späten warmen Herbst
zur zweiten Blüte
Vergissmeinnicht bereitet sich,
der Herr erweist mit Sonne
und mit Wetter große Güte,
so dass die himmelblauen
kleinen Sterne, hier aus dem
welken Grün erfreuen mich.

Von Trennung und
von stillem Leiden
berichten sie seit alter Zeit,
von Liebenden,
wenn zwischen beiden
die Welt sich spannt,
der Weg ist weit.

Und wie im herbstlich
hellen warmen Licht,
die kleinen Blüten spenden
Hoffnungsschimmer,
soll auch der Liebe Band
vergehen nicht, bestehen
in Verbundenheit für immer.

GUTEN MORGEN

Guten Morgen du Schöne!

Habe ich Dich geweckt? das wollte ich nicht
und hätt Dir auch lieber beim Schlaf zugeschaut.
Nein, im ernst mal, heute bloß kein Gedicht.
Heute habe ich mich nur getraut.
Dir eine Übung vorzuschlagen
und hoffe es kommen keine Klagen.
Etwas, was Deine Laune hebt,
und Dich für den neuen Tag belebt.

Vielleicht liegst Du ja noch in Deinen Kissen,
dann räkel Dich mal, und strecke Dich
und mach es bitte so fest es geht.
Lass los! Versprochen, Dein Körper
will das Gefühl nicht mehr missen -
Entspannung, wie Sie im Buche steht.

Vielleicht kämmst Du ja grad Deine Haare,
so tu es mit Muße und genieße die Zeit,
die Du grade hast und tu so, als wären es Jahre,
rieche an Deiner Haut, und spüre die Sonne,
ein kleines Stück von Ewigkeit.

Vielleicht träumst Du ja morgens vom Meer,
und weißt wie Kälte anregt den Sinn,
dann hilft Dir folgende Übung sehr,
benetzte mit Wasser Gesicht, Brust, und Kinn.

Vielleicht sitzt Du beim Frühstück schon,
und Kinder tollen wild um Dich her,
dann schlürfe den warmen Tee oder Kaffee,
schmecke ihn auf der Zunge,
und stell Dir vor ne Sekunde,
dass es still um Dich wär.

Vielleicht hab ich auf diese Weise,
Entspannend Dir etwas den Tag versüßt,
Da wär ich auch gerne, denke ich leise,
und spüre die Wehmut,
wenn man jemand vermisst.

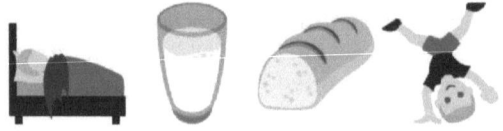

MÄDCHENFRAU

Mädchenfrau, mit schönen Haaren,
Apfelbrüsten, jung an Jahren,
scharf im Denken, zauberhaft
und voll jugendlicher Kraft.

Wangen rot, unschuldig,
wissbegierig, ungeduldig,
lachend unbeschwert und schön
offne Augen Dich anseh'n.

Zarte Hände, zartes Wesen,
intelligent und sehr belesen,
zarter Nacken, erwachsen kindlich,
deshalb gänzlich unverbindlich.

Schmollmund, Wimpern, rote Wangen,
beinah Frau, nicht einzufangen,
fordernd, im Wesen sehr charmant,
raubt den Männern den Verstand.

MID-LIFE-CRISIS

Du bist mein Midlife-Crisis-Mädchen,
die schönste Mädchenfrau im Städtchen,
mit Augen, die mich schauen an ganz keck.
Verlegen drehst Du kurz Dich weg,
schaust mich dann an mit freiem Blick.
Begeistert schaue ich zurück.

Dein Mund der lacht und rote Wangen,
die halten mich im Bann gefangen.
Mit Haut aus Milch und Honig eben,
verkörperst Du das junge Leben.

Liebreizend, scherzend, ohne Sorgen,
Dein Haar im Licht, gleich frühem Morgen,
stehst Du vor mir, mit zarten Händen.
Ich möchte mich nur zu Dir wenden.

Neidvolle Augen mich ansehen,
wenn wir ein Stück gemeinsam gehen,
intelligentes Plaudern üben,
so könnt ich mich in Dich verlieben.

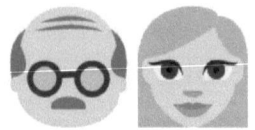

ERWACHSEN

So manche Tür neugierig aufgestoßen,
schließt sich ein Leben lang nicht mehr,
so viele Dinge, die man träumte,
sie bleiben unerfüllt, der Platz bleibt leer.

Denn so viel Neues gibt es zu entdecken,
und so viel Altes bleibt zurück,
man sucht nach Menschen, die verstehen,
die Suche nach dem eignen Glück.

Du fürchtest Dich, die Wahrheit zu erfahren
und musst schlussendlich Dich doch stellen ihr
und glücklich bist Du, wenn an Deiner Seite,
stets Freunde sind, zu helfen Dir.

Halte Versprechen, die Du selbst gegeben
und sei nicht kalt und abgewandt.
Mach Dinge gleich und ganz im Leben,
mit gleichviel Herz, Mut und Verstand.

Lerne in Liebe redend nach dem Streit vergeben
und reich zur neuerlichen Freundschaft Deine Hand,
so wirst Du sicher bald im Umkehrschluss erleben,
die Menschen sind Dir zugewandt.

SEEMANNSBRAUCH

Den Anker auf und Segel nun gesetzt,
das Schiff läuft aus zur Großen Fahrt,
die Seglermesser sind gewetzt,
und Tau und Enden aufgeklart.

Nun hart am Wind und Kurs Nordwest,
die Schoten dicht und gegen an,
für den Matrosen ist's ein Fest,
kann er doch zeigen, was er kann.

Heulender Wind und Sturmgebraus,
im Reff wir trotzen den Gewalten,
Unwetter macht der Crew nichts aus,
hier heißt es fest zusammenhalten.

"Kurs halten!", Ruf zum Steuermann
und auf zum nächsten sicheren Hafen,
dort stoßen wir gemeinsam an
und werden unsern Rausch ausschlafen.

EINSAMER WEG

Einsamer Weg, mit weißen Segeln
zieht ein Schiff dort seine Bahn.
In meinem Kopf Gedanken kreisen,
meiner Liebsten sich zu nah'n.

Gleich zwei Booten die sich treffen,
dort im großen Wasserkreis,
kurz sich streifend, still sich grüßend,
jeder von dem andern weiß.

Und dann gleiten, fernwärts strebend,
in der tiefen blauen See.
In Gedanken zieh ich weiter,
ach wie ist ums Herz mir weh.

AUFWACHRAUM

Mein rosa Einhorn galoppiert galant
auf einem langen Regenbogen
doch irgend etwas stört
beim Reiten an der Hand.
Und warum hab ich nur ein
rosa Nachthemd dazu angezogen?

Das Licht ist hell, so wie ein Sonnentag,
das Oben ist noch milchig-weiß verschwommen,
Das, was ich mich verwundert frag:
Wie bin ich nur hierher gekommen?

Der Nebel lichtet langsam sich,
ich lieg in einem weißen Bett
und die Flexüle ziept ganz fürchterlich,
Pfleger und Schwestern sind sehr nett.

Im Aufwachraum da riecht es zart
nach Desinfektion und WC
und jeder, der hier liegt,
der träumt auf seine Art
und jedem tut was andres weh.

Ich liege hier im Krankenhaus,
kommt mir so langsam in den Sinn,
deshalb seh ich so putzig aus.
Doch wo ist nur das Einhorn hin?

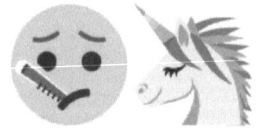

ERWACHEN

Erwachend in der Nacht
denk ich an Dich,
erinnernd den Geruch
von Haut und Haar von Dir,
vor mir Dein Lächeln sehe ich,
und wohlig warm und froh ist mir.

In mir die Wellen höher schlagen,
wie an des Ozeans lichtem Strand,
Du bist mir nah und doch auch fern,
ich halt wie gestern Deine Hand,
gestehend Dir, ich hab Dich gern.

Ein stetes mildes Rauschen hüllt mich ein,
in Deiner Augen Blick möcht ich ertrinken
und eine kleine nasse Träne spüre ich,
etwas wie Liebe könnt' es sein,
von Dir berauscht, erneut in Schlaf
will still und leise ich versinken.

HERBSTBOTEN

In einem kleinen Klostergarten
Herbst-Anemonen zart erblühen,
die leise auf den Winter warten.
Langschatten über Wiesen ziehen.

Von Bäumen, gelb und bunt gefärbt,
geworfen auf die alten roten Steine,
von Häusern, von den Alten hier vererbt.
Menschen im Rund erblick ich keine.

Herbstliche Kühle mich umfasst.
Kirche, von Kerzenschein erhellt und
Glockenschlag, der nicht zur Stille passt,
verkündet hier die Endlichkeit der Welt.

WINTER

Der Winter hat mit hartem Griff
die Welt mit Frost und Schnee nun überzogen,
die Morgensonne zeigt den ersten Schliff,
von Kufen, welche übers Eis geflogen.

Orangene Sonne ist zu schwach,
die kalte Luft schon aufzuwärmen,
doch diese macht die Wangen rot
und Menschen gleichfalls wach,
die fröhlich auf dem Eise lärmen.

Ein alter Baumstamm
lädt zur kurzen Rast
am Ufer unter Erlenbäumen,
blinzelnd zur Sonne ohne Hast
kann man ein Viertelstündchen
träumen.

SONNENSTRAHLEN

Ein Sonnenstrahl, der durch das Fenster bricht,
tanzt auf dem Schreibtisch, spendet gleißend Licht,
erhellt mein halbdunkles Stübchen im Dach,
fällt auf meine Hände und kitzelt mich wach.

Mein Blick durch das Fenster des Daches fällt,
erhascht einen Blick auf blau-sonnige Welt,
durch die mächtige Kiefer vor meinem Haus.
Die Welt putzt sich Montags zum Sonntag heraus.

Und leise Geräusche erreichen mein Ohr,
aus ihnen dringt eine Geige hervor,
berichtet uns zart vom Schmerz der Welt,
die noch angstumflossen den Atem anhält.

Die Sonne wärmt vom Fenster mich
und alles in mir macht lächelnd sich,
erweckt durch die neue Frühlingszeit,
gleichfalls für diesen Tag bereit.

BUNTSPECHT

Ein Buntspecht hockt auf unsrer Kiefer,
er sucht nach Wurm und Ungeziefer,
so frisch gestärkt setzt er sich nieder
und putzt sein schwarz, weiß, rot
Gefieder.

Die Mistel in der Nachbarschaft
ernährt sich von des Baumes Saft,
schmarotzend grünt und blüht sie fort,
fixiert an dieses Astes Ort.

Der Wind rauscht durch die Nadelwipfel
bewegt nun jeden Astes Zipfel
und nickend in dem Sonnenschein,
die großen Äste stimmen ein.

Am Himmel weiß die Wölkchen ziehen
durch blaue Firmament entfliehen.
Der Schreiber dieser Zeilen spricht
grad vor sich hin ein Fischgedicht.

Blub hier, blub da und blub auch dort
die Wölkchen ziehen weiter fort.
Es zieht durchs Fenster und mit Macht,
die Tür ins Schloss im Hause kracht.

Der Schreiber emsig und behende
schreibt Zeilen ohne Fisch zu Ende
und damit endet das Gedicht,
denn mehr Ideen hat er nicht.

PFLAUMENKUCHEN

Vanilleschoten-Düfte, ziehen
sehr süß und knackig durch das Haus,
belohnen für die Bäckermühen,
die Pflaumen in dem Teig,
sie sehen saftig lecker aus.

Bekränzt wird dieser Kuchen jetzt
mit Butterstreuseln,
leicht gebräunt und fein
gesteuselt oben aufgesetzt.
Das Backwerk wird nicht lange
auf unserem Teller sein.

Von Kindermund mit Schmatzen
und Mengen von Kakao vernichtet,
hat dieser Kuchen eine kurze
Überlebenszeit,
doch wird zum Glück ein
Birnenkuchen noch gesichtet,
heißer Kaffee und Teller,
sie stehn für uns bereit.

HASE (IM ZWEITEN RAUSCH)

(Zur Antwort auf Sergej Michalkows
Gedicht „Der Hase im Rausch")

Der Hase hatte grad soeben
sein kleines armes furchtsam Leben
nicht in der Hand des Löwen abgegeben
und er entkam mit Schmeichelei
den starken Pranken, wie durch Zauberei.

Nach diesem Schreck und noch im Tran
langt er gleich noch einmal beim Igel an.
Denn, ganz benommen von dem Saufen,
war irrtümlich zum Garten er zurück
und zu dem Fest erneut gelaufen.

So dachte er sich, es wär doch schade
ob dieser wunderlichen zweiten Gnade
nicht doch noch einen guten Schluck zu nehmen
und sich hernach beseelt, ganz frohgemut
und satt nach Hause zu bequemen.

Der Igel hatte unterdessen
nicht auf der faulen Haut gesessen
und reichlich aufgetischt,
und die Bestände aufgefrischt
zu seinem Wiegenfest,
mit neuen leckeren Wein und Essen.

So kam es dann das Meister Lampe
am Tisch von neuem Trunk und Speis genossen,
wieder den Nachbarn zügig eingegossen
und dann noch reichlich in der Nacht
Krakel und Lärm um sich gemacht.

Und so verkündet er erneut
das er sich keineswegs je scheut
den Weg von hier nach Haus

glatt jederzeit zu wagen.
"Nun hier und gleich aufs grade wohl,
denn schließlich äße er viel Kohl
und nichts und niemand hätt' den Mut,
solch einem Mannesbild wie ihm,
zu gehen an den Kragen."

Der Igel war, wie man sich denken kann,
ein umsichtiger und sehr kluger Mann;
den schlappen Hasen er zur Seite
nimmt und fragt ihn ruhig
und bestimmt, so Mann zu Mann,
ob er sich hier nicht übernimmt,
da er ja kaum mehr stehen kann?
Der Hase lautstark opponiert,
wie es schon mehrfach heut passiert.

Er habe schließlich einmal schon
den wilden Löwen keck bezwungen.
"Der soll nur kommen!", sagt er dann
der kleine trunkene Hasenmann,
und glasigen Auges und mit
großem Mund
tut er der ganzen Runde kund
wie er dem Löwen sich entwand
und züchtigt ihn mit eigner Hand
als er mit ihm gerungen.

"Und sollte der Löwe sich
wahrhaftig noch bequemen ,
den Weg von Afrika zurück zu nehmen,
ganz nackt und bloß, weil er ihm doch
das Fell schon einmal abgezogen,
dann soll er sehen, was passiert!"
und er, der Has, ganz ungeniert,
ohn Federlesen und zu jeder Zeit
Lektion dem Löwen würde geben,
wenns pressiert.

Kopfschüttelnd lässt der Igelwirt
den Hasen alsbald ziehen sodann,
der sich kaum aufrecht halten kann,
mühsam von Baum zu Baum sich hangelt,
dabei mit Ast und Blattwerk rangelt
und grölend hier im Wald
durchs Buschwerk irrt.

Den Löwen ob der neuerlichen Störung
ergreift nun ernsthaft die Empörung
und an der nächsten Ecke dann,
da packt er fest am Schopf den Hasenmann
und schüttelt wirsch den Trunkenbold.

Der Has wird blass, erkennt soeben,
dass es jetzt geht ums nackte Überleben,
"Eur' Hoheit, trank auf Euer Wohl,
gebe ja zu, es war im Spiel viel Alkohol,
doch für Euch, König, sollt' der beste Wein
ja grade gut genug gewesen sein,
so habt denn Gnade bitte hoher Mann.",
so stammelt Meister Lampe dann.

Doch diesmal diese Speichelleckerei,
sie fruchtet nicht, denn ist es doch die
Störung Nummer zwei.
Der Löwe packt den Hasen an den Ohren,
brüllt laut: "Was hast Du alter Trunkenbold
denn immer noch im Wald verloren?
Und würdest stinken Du nach Alkohol
nicht ganz so widerlich, wärst Du
ein nettes kleines Festmahl jetzt für mich.",
und er entlässt den bleichen Hasenmann
mit einem blut'gen Prankenhiebe dann.

Herr Hase werde bitte klug,
mit Schmeichelei und eitlem Trug
Kannst vielleicht einmal Du bestehen,
danach wirds übel Dir ergehen.

EMOTICONS

Ein Smiley lächelnd, 🙂 , bin zum Treff bereit,

der Smiley lachend, 😃, freu mich auf die Zeit.

Hand hoch, ✋, wir werden uns gleich sehen,

den Daumen hoch, 👍, Ok und dann ins Kino gehen.

Ein Smiley zwinker, 😉, hast an die Karten Du gedacht?

der Smiley nachdenk, 🤔 , glaub hab ich gemacht.

Smiley umarm, 🤗, sehr gut, da freu ich mich.

Smiley 3 Herzchen, 🥰 ,mach ich gern für Dich.

Ein Smiley Sterne, 🤩 , cool siehst Du heut aus,

Smiley Zung rausstreck, 😝; mach ich mir nichts draus.

Smiley Herzaugen, 😍, werd mich in Dich verlieben,

Smiley verlegen, 😌 , mich vielleicht auch kriegen.

Ein Smiley Engel, 😇, bin so lieb zu Dir,

diese Emoji Blümchen, 🌷 🌱 ,hab ich für Dich hier.

Smiley mit Kuss, 😘, komm drücke Dich ganz fest,

Smiley verkehrtherum, 🙃, was mich gleich
Kopfstand machen lässt.

Ein rotes Herz, 🖤, noch hier zum Schluss,

Smiley zerschmelz, 🫠 ,und einen Kuss.

AUF REISEN

In die Ferne steht der Sinn
sehn das unerwartet Schöne,
Leichtigkeit in Kopf und Herz,
Alltagssorgen sind dahin.

Auf dem Wege Dich begleiten
Farben, Düfte eindrucksvolle
orientalische Genüsse,
seltene Naturschönheiten.

Wasser, Luft kristallen klar,
Sand soweit das Auge reicht
Wege nie zuvor begangen
werden nunmehr plötzlich wahr.

Eindrucksvoll kannst Du beschreiben
Häuser, Städte, weite Plätze,
wenn nach Hause Du gekommen,
die Erinnerung wird bleiben.

ABENDROSE

Schönheit des Augenblicks
im Auge des Betrachters,
Vergänglichkeit ist ihr gewärtig
und unser aller Schicksal.
Woran nur halten wir uns fest?

An Blicken, Worten, Händen,
andern Menschen.
So schaut Euch um und wählt!
Und nichts von dieser Welt
hat ewiglich Bestand.

Was nicht von dieser Welt
ist einzig Hoffnung aller.

STROMBOLI

Eine kleine Marmorterrasse nahe eines schroffen Abhanges gibt den Blick, über eine steinerne mit Säulen gesäumte Brüstung hinaus, auf eine azurblaue Bucht frei. Unten, auf unsicherem Lößgrund vor Anker, eine Segelyacht, die uns sicher bis zu diesem malerischen Ort gebracht hat. Bougainvillea bildet mit pink und grüner Farbe den richtigen Akzent zu dieser pittoresken italienischen Landschaft. Ich sitze an einem kleinen runden, weißen Tisch mit zwei Stühlen vor dem von mir bestellten Kaffee und blinzele unter meinem Sonnenhut aufwärts, auf einen kleinen aus Marmorsteinen erbauten Friedhof. Hinter zwei Bäumen erhebt sich majestätisch die Spitze des Vulkanberges in den sonnig blauen Himmel. In diesem Moment zerreißt ein jäher Donner, gleich eines Überschallknalls eines tieffliegenden Düsenjets, plötzlich die Luft.

--- Cut --- 🔔

Dem Geräusch folgend wende ich meinen Blick unwillkürlich nach oben. Von der Spitze des Berges strömen Massen grauen Rauches senkrecht in den Himmel und bilden eine riesige Wolke gigantischen Ausmaßes. Bläulich-weiße Blitze zucken darin auf, werden jedoch fast augenblicklich von dem nachströmenden Material verschlungen. Eine heiße Windböe reißt mir den Hut vom Kopf und macht mir bewusst, dass ich schon längst, wie alle anderen Gäste von meinem Stuhl aufgesprungen bin und diesen instinktiv zwischen mich und das brodelnde Inferno vor mir gebracht habe. Es regnet kleine heiße Kügelchen aus Bimsstein. Ich wende meinen Kopf zum Schutz gegen die kleinen von oben kommenden Geschosse nach unten ab und sehe dabei, dass in die azurblaue Bucht hausgroße glühende Hekatomben, gleich Meteoren, aus der riesigen Wolke über uns stürzen, die nun auch die vorher gleißende südliche Sonne verdunkelt. Die Menschen neben mir scheinen zu schreien, aber der Donner ist von einem höllischen Brüllen abgelöst worden, das jedes andere Geräusch unter sich begräbt. Welch Inferno, zuckt es durch meinen Sinn, als die Erde zu beben beginnt und mein Blick wieder auf die Bergspitze gelenkt wird. Zu spät zum Fliehen denke ich, als sich von oben eine schnell näher kommende graue Walze aus der nun strukturlosen Hauptwolke löst. Ein Gedankenblitz erinnert mich an Gipsgestalten im Lößgestein von Pompeji. Genau in diesem Moment umschließt mich grauer glühend heißer Gesteinsstaub, nimmt mir jeden Atem und reißt mich zu Boden. Bevor ich das Bewusstsein verliere, stelle ich noch erstaunt fest, dass ich lichterloh brenne.

--- Cut --- 🌋

Der Donnerknall hat sich verzogen und der Kellner kassiert, als wäre nichts gewesen, den Kaffee ab. Die italienischen Einwohner haben sich offensichtlich mit dem Berg und seiner latenten Gefahr längst adaptiert. Vorsichtig und fast ängstlich blicke ich mich um. Die italienische Sonne bescheint nach wie vor den kleinen Friedhof und die malerische Terrasse. Ein kleines weißes Wölkchen an der Bergspitze ist einziger Zeuge der Eruption vor einigen Sekunden, die sich in schöner Regelmäßigkeit etwa halbstündlich wiederholt. Schon die antiken Seefahrer nutzten den Berg deshalb als verlässlichen Leuchtturm.

Ich lächle noch etwas verunsichert, drücke meinen Hut tiefer ins Gesicht und mache mich über den kleinen steilen Pfad auf den Weg zurück hinunter in die malerisch blaue Bucht zu unserem Schiff. Merkwürdige Gedanken mache ich mir manchmal.

Aber ich bin davon gekommen - und am Leben!

APHORISMEN I

Es gibt so manche Dinge im Leben,
die einfach nicht mehr weg gehen, wenn
sie einmal im Kopf angekommen sind.
Eines davon ist die Musik.

> Ich bin lieber ein einfacher Bekannter
> mit klaren Regeln, als ein der
> Beliebigkeit anheim gegebener
> Partner oder Freund.

Er war so von Ihrem Gesicht, Lächeln und den leuchten-
den
Augen fasziniert, dass er gar nicht bemerkte, dass ihren
süßen Worten keine Taten folgten. Ja, Luftschlösser sind
eine trügerische Angelegenheit.

> Ein älterer Mann, eine blutjunge
> Frau, die Geschichte geht meist nicht
> gut aus. Aber dazwischen pulst
> manch heißes Blut durch diese Adern,
> und es ist gut zu wissen, dass man lebt.

Wenn Dein Körper bei der Reise zu
unterschiedlichen Gestaden
des Lebens, gleich einem Schiff,
so manchen Schaden an der
Beplankung erleidet und
mitunter sogar zu sinken droht,
ist es tröstlich zu wissen, dass
Deine Seele, gleich einem tapferen
Kapitän, sicheren Kurs in
zeitloser Weite zu halten imstande ist.

Gemeinsames Musizieren
ist eine höhere Form von Erotik.
Ich sage nur ein lauer Sommerabend
Wein und zwei Gitarren.

Ach, was für ein verzehrendes Feuer
ist die Liebe! Ihr kann sich niemand
entziehen und in ihrem Angesicht
sind Vulkane kleine Flammen.

Der einzige Weg von flammender
Liebe keinen Schaden zu nehmen ist,
diese zuzulassen und sich
denkend damit zu beschäftigen.

Der funkelnde Blick einer
geliebten Frau verschwindet nie
mehr aus der Erinnerung eines Mannes,
er verblasst nur nach sehr langer Zeit.

Eine der merkwürdigsten Tatsachen
des Lebens ist, dass menschliche
Erinnerung den Begriff Zeit nicht kennt.
Nur der Blick in den Spiegel offenbart
die unausweichliche Wahrheit.

Ein kleiner Funken echter Liebe
ist besser, als jedes noch so klare
und scharfe Denken. Gelegentliches
Denken ist dennoch angebracht.

Der sicherste Weg ein Problem
zur Katastrophe werden zu lassen
ist es, nicht wirklich darüber
zu reden.

Was, wenn nicht ein Blick
eines Dich liebenden Menschen,
gibt dem Leben erst wirklich
Inhalt und Sinn. 🌱

Sollte ich einem geliebten Menschen
nicht sagen, dass ich ihn mag?
Sicher, ich kann abgelehnt werden und
fürchte mich insgeheim auch davor, was
aber wenn nicht? Dann wäre dieses
Schweigen ein unverzeihlicher Fehler.
Besser mit etwas Gottvertrauen mutig zu
sein, als der Liebe keine Chance zu geben. 🌱

Träumt und sagt nicht ‚Vielleicht'
Träumt und sagt klar ‚Ja' oder ‚Nein'!
Alles Andere ist traurige
Zeitverschwendung. 🌱

TRÄUMEN UND REISEN

Was macht eigentlich die
Faszination des Reisens aus?

Sind es die fernen unerforschten und schönen Plätze?
Ist es die wilde unverfälschte Natur?

Sind es die neuen fremdartigen Menschen
mit denen wir in Kontakt treten?

Oder ist es letztendlich der Fakt, dass wir immer nur bei
uns selbst ankommen, egal wie weit wir auch Reisen.

Und ist Träumen nicht auch wie Reisen?
Fazit, träumt und lebt Eure Träume!

ALLTAGSLITERATEN

Gedichte und Alltag

ECKFROSCH

In meinem Haus, da gibt es eine Ecke,
ein großer grüner Frosch mit roter Fliege
wartet dort auf mich. Es lohnt sich nicht,
dass ich mich schnell vor ihm verstecke,
er sieht es längst und findet mich ganz
sicherlich.

Der Eckfrosch, er wird Feigheit
auch genannt und Angst Probleme
anzugehen und nur demjenigen,
der sich dem Eckfrosch mutig stellt,
kann Freiheit als der Lohn am End
des eignen Weges stehen.

AD(H)S

Ein Träumer, zappelnd aufgeregt, und leicht mal
überlastet, in einer Welt die linear gestrickt,
von einem Ziel zum nächsten hastet. Das geht
auch anders, denk ich mir, mach alles parallel
stattdessen, bin schnell und effektiv, jedoch werd ich
von zu viel Reizen oft geflutet und schnell aufgefressen.

Ein Reset hilft und Ruhe auch, Drogen, Natur,
Spazierengehen, die Dummheit von den anderen, sie
schlägt mir tierisch auf den Bauch. Warum nur können
sie die Dinge nicht auch so schnell, wie ich, verstehen?

Antennen hab ich, wie der Mensch so tickt, will auch mal
gerne andre kontrollieren, doch hab ich mich in Wider-
sprüche schon verstrickt, weil Angst vor Ablehnung ich
hab und denke nur darüber nach, was schlechtes könnt'
mit mir passieren.

Ich strebe gern nach Perfektion oft auch mit Sachen, die
ich super kann, will so verpeilt sein bei mir selbst kaschie-
ren und ecke heftig damit an, bin impulsiv, vergesse
manchmal auch dabei die eigenen Manieren.

Auch einen lieben Partner habe ich, möcht ihn auf keinen
Fall verprellen. Von Zeit zu Zeit jedoch ergreift die Lange-
weile mich, such Kurzweil auswärts dann und muss mich
dieser Wahrheit stellen.

ENGEL

Was meint es denn von Engeln stets behütet sein?
Und will ich das und macht es mich nicht unbedeutend
klein? Bin ich gewohnt doch stark und fest in dieser Welt
den Mann, die Frau zu stehn, allein und machtverliebt
den Weg an anderen vorbei leichtfüßig ohne Halt zu
gehn.

Wohl an, dies geht solange gut, bis uns das Leben lehrt,
das wir nur endlich sind
und unser Weltenweg nicht ewig währt.
Sind Engel andre Menschen jetzt,
von welchen Hilfe wir erfahren?
Sind zarte Flügelwesen unser Schutz
in unseren Lebensjahren?

Versucht es mal mit Lieb und Güte ein wenig
Engel Eurem Nächsten nur zu sein und spürt
dem Flügelschlag des Engels nach, der Euch indes
behüte, dann fühlt auch Ihr Euch nicht mehr klein.

BLATT

Aus welchem Stoff
bin ich denn eigentlich gemacht?
Bin ich nur Blatt im Wind,
getrieben von der Welt
und von der Zeit, von Gott gemacht.
Sklaven der Zeit wir letztlich alle sind,
egal was selber wir von uns gedacht.

Ist Liebe eine höhere Dimension,
die uns ganz sanft beflügelt und befreit,
auch wenn sie flüchtig ist, ganz zart
und lebt nur in der Zeit
und fliegt sehr schnell davon?

Ein starker Geist beflügle mich,
wenn etwas bleiben soll
aus Asche und Verderben,
Gedanken sind's,
die aus dem Stoff gemacht,
zu überwinden Zeit und Sterben.
Dies kleine Stück der Ewigkeit
erstrebe ich.

DU

Wer bist Du denn, dass grade Dich,
ich eben gerne mag?
Warum nur möcht mit Dir
verbringen ich das Leben
und jeden neuen hellen Tag?

Natürlich, schön bist Du,
intelligent und klug, belesen,
doch denke ich darüber nach,
so ist es dies alleine,
noch lange nicht gewesen.

Ein stetes Glimmen wohnt in Dir,
von warmer Liebe angefacht,
mit Zuneigung und Freundschaft
hilfst Du mir, gemeinsam zu umschiffen
Untiefen und Gefahren in der Nacht.

Du bist der Anker für mein Schiff
das segelt durch bewegtes Leben,
bewahrst mich vor so manchem Riff,
dankbar erkenne ich es eben.

DIVERS

Was bin ich, frage ich mich oft
und kann mir keine Antwort geben,
Mann oder Frau, beides und nichts,
denk manchmal ich ganz unverhofft,
wie sieht's denn aus in meinem Leben?

Schon in der Schule klein und wild,
bemerkt' ich bald, das etwas anders war
und ich gestehe, mein Denken passte
irgendwie nicht zu dem Bild, das
morgens ich im Spiegel sehe.

Nach Hänselei und nach Verstecken
hab langsam ich mich selbst entdeckt
zu Anfang noch mit dem Erschrecken,
was da so alles in mir steckt.

Erst liebe Menschen gaben mir den Mut,
zu zeigen wer ich bin und was ich kann
und die Erkenntnis, mein Gefühl ist gut,
ganz liebevoll und zärtlich dann.

Der Weg ist hier noch nicht zu Ende
ich suche noch die richt'ge Form für mich
doch hab ich Hilfe jetzt, tröstende Hände,
hab mich entschieden und hab Dich.

ADRENALIN

Verdammt nochmal, ich brauch den Kick
von Zeit zu Zeit in meinem Leben,
den Punkt, hier gibt es kein Zurück,
es muss nur einfach vorwärts geh'n,
jetzt eben.

Der starke Freund, die schöne Frau,
Verführung, Gipfel kalt und klar,
das heiße schnelle Auto, die Tiefe,
Sturm und Ozean, der steile Fels vor mir,
endloser Abgrund, lauernde Gefahr,
sie schaun Dich an, flüstern Dir zu:
'Ja. Du bist hier!'

Bin süchtig und ich, brauch den frischen Kick,
das heißes wildes Blut pulst kräftig mir
durch Kopf und Adern,
sagt einfach nur zu Dir: 'Du lebst!'.
Ich werde nicht mit meinem Schicksal hadern.

GIPFEL

In Einsamkeit, aus Fels und Schnee,
wie für die Ewigkeit geschmiedet, erhebt ein Gipfel sich,
den kühn und furchtlos nun ich trachte zu ersteigen.
Erheben gegen diesen alten Riesen muss ich mich,
ihm meinen Mut und festen Willen zu erzeigen.

Der Weg ist steinig, schwer und lang,
will meine Kräfte gleich erproben,
auch wenn zu Anfang ist noch leichtfüßig der Gang,
soll man den Tag nicht vor dem Abend loben.

Nahe dem tiefen Himmelsblau im Seil, am Fels und Eisen,
in klarer Luft und Wind, ganz nahe Wolken und Gestaden
da suche ich nach festem Tritt der Berg, er ruft,
ich muss es mir beweisen
und folge ihm auf kalten, schroffen, nassen
und unerforschten Felsenpfaden.

Kräfte sind endlich, fast dem Alter gleich,
mit kurzem Schritt und atemlos
muss ich den Berg bezwingen,
der Blick vom Gipfel macht mich reich,
doch teilt das volle Glück nur der,
dem auch der Rückweg wird gelingen.

POLARLICHT

In dunkler Nacht in Waldesstille,
am Himmel just ein stilles Feuer wird entfacht,
es zeigt in violett und grün uns seine ganze Fülle,
entfaltet sternenglitzernd, hinter verschneiten
Bäumen, still schweigend nie gesehene Pracht.

Ach könnte ich für Dich mein Lieb,
doch auch ein solches Feuerwerk abbrennen,
aus Stille nur gewebt und Zuneigung zu Dir.
Ganz ohne eitle Worte dürft meine Liebe ich,
zart, leise, flammend, Dir bekennen,
wäre ein Glücklicher auf Erden hier.

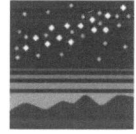

SCHOKOLADENFRAGEN

Ein Interview, auf ein paar kurze Fragen:
Was soll ich von Dir halten?
Was denkst Du wirklich?
Was macht Dich im Innern aus?

Bist Du ein Schokoladenhäschen bloß,
ganz süß von außen, niedlich, ohne Falten,
innen mit warmer Luft befüllt, ganz fürsorglich,
statt des soliden Innenbaus?

Bist Du ein wildes Teufelchen, das alles
kontrollieren will, damit es bleibt beim Alten,
belügt die Welt und manchmal sich,
macht jeder Freundschaft den Garaus?

Bist Du ein Engel, innen still und nett,
der seine Freunde möcht in Ehren halten,
lebt zugewandt, liebt inniglich?
Du hast die Wahl, such Dir was raus!

WARTEZIMMER

Im Wartezimmer wartet man.
Wer ist der Letzte? Wann bin ich denn dran?

Die Tür geht auf nach alter Sitte,
einer geht rein: 'Der Nächste bitte.'

So fünf Minütchen neuer Wartezeit,
der Nächste macht sich schon bereit.

Ein kranker Kopf und Arm, oh weh!
Der Nächste hat noch Blut am Zeh.

Ein Frosch mit Bauchweh, der
ist noch vor mir, als Nächster
auf der Bank hier vor der Tür.

Nun bin ich endlich dran,
es öffnet wieder sich die Tür. Sag an:
Wieviele waren denn vor mir?

SCHATTENBILDER

Schatten, Licht, Formen
miteinander verwoben,
verschränkt, überlagert
in sich verschoben,
Bild ohne Normen,
verblassend, zerstoben.

Puzzle, Bild, Klarheit,
was sehen wir?
Mosaike der Welt,
nur ein Abbild bleibt Dir.
Trug oder Wahrheit?
Ein Stück in der Zeit.

VIER AFFEN

Drei Affen trafen sich im Krankenhaus: Mann, sagt der eine, wie siehst Du denn aus? Ach ja, die Gusche hab ich mir verbrannt, bin für mein Schandmaul recht bekannt.

Doch Du siehst selbst nur wenig besser aus und mit den Ohren ist's ein Graus. Ja, hätt ich nur nicht hingehört und breitgetragen dann, was mich so an den andren stört. Hab mir 'ne Schelle eingefangen, das dämpft enorm mein eigenes Hörverlangen.

Ich seh nicht hin sagt in der Runde der dritte Affe in dem Bunde, mach meine Augen einfach zu,
hab vor Problemen meine Ruh.
Und warum bist Du dann noch hier, bei uns im Krankenhausrevier? Hab ne Laterne übersehen, mit 'ner Blessur kam's teuer mich zu stehen.

Ein vierter Affe kommt dazu, hält sich den Bauch und grinst in Ruh, hat mit dem Handy seine Zeit verbracht und so den Zombie nur gemacht.

Ein schnelles Selfie wurde jetzt geschossen, ein kurzer Treff beim Bier beschlossen und über Nacht sie wurden weltbekannt, die Affen aus Kirschblütenland.

REGENRINNE

In einer alten Regenrinne,
da wächst ein kleiner Birkenbaum,
dem blauen Himmel und der Sonne zu.
Er gleicht der neuen Freundschaft, die ich grad
beginne, zu teilen mit dem anderen Freude,
Leid und meinen Traum von einem
Weg vom ich zum wir und Du.
Es mag nicht
unbedingt
dort oben auf
dem Dache
der beste
Platz zum
Wachsen sein,
doch wie bei Freunden ist es wichtig, was ich daraus
mache und lass mich wirklich auf den anderen ein.

STREUNERIN

Man sagt mir oft, ich sei ein hübsches
Ding, Gewinne jeden Schönheitsring
und unterhalte mich gerne nett mit
Herren, solang sie mich ganz
intensiv verehren. Die Besten
such ich aus für mich und
habe Spaß dann sicherlich.

Doch die Liaison lass ich nur zu
für kurze Zeit, dann lieber Freund
mach Dich bereit, mir nun ganz
schnell Adieu zu sagen, bevor Du
mehr willst, oder schlägst mir auf
den Magen.

Ich kehre nun zu Mann und Maus
zurück, verbring mit diesen jetzt
ein Stück, bevor der Nächste
steht bereit. Mach's gut und Dir
noch schönes Leben, schöne Zeit!

UNTER STROM

Ich stehe heftig unter Strom,
so fühl ich heut in meinem
Körper die Nervenenden
kribbeln und leise mitvibrieren.
Verschont mich also vor
dem Anblick fremder Leute,
mir zittern jetzt schon leicht
die Hände, es wär das Beste,
ich würde gleich ein Weilchen
am See entlang spazieren.

Allein, das Wetter ist nicht schön,
ich sitze drinnen, starte den Versuch
zu basteln und zu lesen, doch drifte
ich dabei ganz häufig ab und warte,
döse, fühl mich alt und habe
das Gefühl, hier in der Ecke
leise zu verwesen.

Probleme lösen wäre gut, doch
hab ich niemand hier zum Reden,
danach zu fragen, dazu fehlt es mir
an Mut und obendrein bin ich zu
wählerisch und nehme dazu auch
nicht jeden.

So staple ich Problempakete
hier haufenweise mit der Zeit,
mit Starkstrom angefüllt, voll bis
zum Rand, und hoffe, dass kein
Kurzschluss mir passiert, sonst
ist hier alles um mich her im
Handumdrehen abgebrannt.

HYPOCHONDER

Dem Himmel Dank, ich bin fast krank.
Der Magen zieht auch schon ein wenig,
mit Blähbauch fühl ich mich als König.
Dann wird es Zeit, macht bitte Tee bereit
für eine Lebensmittelunverträglichkeit.

Auch Magen, Milz und Leber drücken,
stelle ich fest mit heimlichem Entzücken.
Das Herz und meine Adern puckern, der
Darm zeigt auch ein leises Stuckern.

Im Kopf ein Druckschmerz grad beginnt,
der Blick ist trüb, Urin nur langsam rinnt,
ein Rückenweh vertreibt mir nett die Zeit.
Worum es geht? Aufmerksamkeit.

PFEFFERMINZE

Der schlanke grüne Pfefferminz
das ist ein stiller Gartenprinz,
durch Stecklinge im Winter gleich
bewurzelt er sein Gartenreich.

An langen Stielen seine Blätter prangen,
minzig erfrischen kühlend das Verlangen
nach Tee und anderen Süßigkeiten
die daraus lassen sich bereiten.

Beruhigend für Geist und Magen,
das Kraut, es wird sehr gut vertragen,
aus England hat es sich verbreitet
in jedem Garten ausgeweitet.

In violetten Ähren blüht's im Topf,
als Öl macht frei es unsern Kopf,
erfrischt die Nase, kühlt den Schlund,
man fühlt sich frisch und kerngesund.

STILLE GLUT

Glut still in Asche wohl verborgen
ist ein gefährlich Ding, mit dem
zu spielen Du nicht wagen solltest.
Denn schnell aus kleinem Zunder
neu geboren entfalten große
Flammen sich, mit Hitze und
mit neuem heißen Feuer,
das zu verbrennen, zu
verheeren, was sich mit
Leichtsinn bietet an.
Sei darum auf der Hut,
zeitig der hellen Glut
Dich zu erwehren,
der Glut
zeitig ...

MISTEL

In den entlaubten winterkahlen Eichen
die grünen Kugelbüschel sichtbar werden,
die Misteln wachsen dort und immergrün
dem Winter sie nicht weichen,
sind seit Druidenzeit bekannt,
als hilfreiche Arznei auf Erden.
Lunge, Geschwür und manches Unbill
heilten so die Meister,
auch unerfüllter Kinderwunsch
auf ihrer Liste stand,
beschwört an Eichen wurden alte Geister,
die goldne Sichel war im alten Rom
schon Plinius bekannt.
Das Eichhörnchen in diesen Kugeln wohnen,
ist sicher eine alte Mär.
Unter dem Mistelzweig jedoch
Friggs weiße Tränenfrucht
mit einem Kusse zu belohnen
ist schöner Weihnachtsbrauch und
zaubert zarte Liebe her.

NUR SCHEIN

Einige Menschen dieser Welt, die haben
ein wirklich wunderschön gestaltetes Gesicht,
gern möchte man sich an dem Eindruck laben,
doch wendest Du Dich nachher um, so bleibt
er leider nicht. Verwundert fragt sich dann
Dein Sinn: Wo ist der schöne Eindruck hin?

War es vielleicht nur schöner Schein, den Du
zuvor gesehen? Du spürst im Herz, es fehlt
der Inhalt dem Theaterstück. Es bleibt ein
flücht'ger Eindruck nur, grad so, als wäre
nichts geschehen, erwarte nichts,
es findet keine Seele sich,
denn einzig Leere
bleibt zurück.

.

MACHO

Gut, dass mich
hier jetzt alle sehen,
ich kann vor Kraft
und Männlichkeit
kaum gehen. Hab ein adonisgleiches kantig bärtiges
Gesicht, glaubt mir, die Frauen überseh'n mich nicht.
Sie fliegen scharenweise auf mich
zu und sind sofort mit mir per Du.
Hi, süßes Häschen komm mit mir,
sehr schöne Dinge zeig ich Dir!
Drum zier Dich nicht und lass mich
warten, lass uns mit meinem
Cabrio gleich starten. Wir trinken
was, machen uns schön und
werden tanzen dann noch
gehn. Nun also los und komme jetzt
ich hab für diese Nacht auf Dich gesetzt.

SELBSTSUCHT

Ich, ich, ich,
jetzt, hier und gleich.
Ich, ich, ich,
mach mich schnell reich.
Ich, ich, ich,
will immer mehr.
Ich, ich, ich,
gib alles her.
Ich, ich, ich,
heul ja nicht rum.
Ich, ich, ich,
ich stell mich dumm.
Ich, ich, ich,
Orgasmus pur.
Ich, ich, ich,
was hast Du nur?
Ich, ich, ich,
du langweilst mich.
Ich, ich, ich,
ich siege sicherlich.
Ich, ich, ich,
erwarte nichts von mir.
Ich, ich, ich,
ich tue so, als wäre ich
in dieser Welt alleine hier.

BETROGEN

Hallo, was heißt den hier gelogen?
Ich hab doch bloß, nicht ganz die
volle Wahrheit Dir erzählt.
Das ist ein hartes Wort, ich wollt Dir
nur nichts sagen, was später Dich
unnötig quält.

Betrügen? Nein, so würd ich es nicht nennen,
ich liebe Dich vor allen anderen hier.
Männer und Frauen, die mich besser kennen,
lass ich auch immer nur begrenzte
Zeit in mein persönliches Revier.

Ich flirte, baggere? Wo denkst Du hin,
ich unterhalt' mich nur sehr nett,
so sehe ich es jedenfalls, und einzig
Kurzweil ist dabei mein Sinn.
Warum nur wollen alle,
denn immer gleich mit mir ins Bett?

Mein Lieb, so frage nicht mehr weiter,
ich lass mich immer doch nur kurz mit anderen ein.
Vielleicht ist dann Dein Sinn auf Dauer
nicht so traurig und auch wieder heiter.
Schau, diese Welt mag irgendwie ja auch betrogen sein.

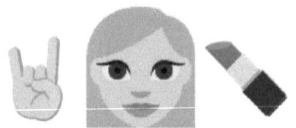

UNBEMERKT

Ganz nah im Baum und unbemerkt
da sitzt ein Eichhorn still und keck
im Astgewirr und sucht und werkt.
Man sieht es kaum und sehn wir hin
fixiert es uns mit kleinen schwarzen Augen,
kriegt alles mit, weil diese gut zum Sehen taugen,
wird dennoch nicht bemerkt, weil es sich still verhält
und gar nicht rührt vom Fleck.
Es ist, als ob die Welt an dieser Stätte
zum Sehen und Verstehen wohl an
die tausend Augen hätte.

So werden auch wir Menschen oft
ganz unbemerkt gemustert und gemessen
von andrer Menschen Blick, ganz unverhofft,
indessen, wähnen wir uns
ganz sicher und alleine,
jedoch bekommt so ein Gerücht
sehr schnell und wie von selbst
im Hintergrund fast augenblicklich Beine.
Es läuft davon und eh wir uns versehen,
da wird geurteilt und gerichtet,
just über Dich und das Geschehen.

   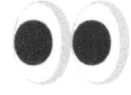

ZAUNKÖNIG

Zaunkönig heißt der kleine Wicht
man hört ihn oft und sieht ihn nicht,
braun, unscheinbar im Federkleid
ist er zur Tarnung stets bereit.

Ein kleiner schlauer Vogel, der sich stellt
allen Gefahren dieser Welt
an Kühnheit in dem Vogelreich
ist er sogar dem Adler gleich.

Mit trällernd rollendem Gesang
ertönt von weitem schon sein Klang
auf Zäunen und im Wiesenrain
läutet er keck, das Frühjahr ein.

CHORPROBE

Ganz viele Menschen treffen sich am
Abend, einmal pro Woche 19 oder 20 Uhr,
warum sie das wohl tun, frage ich mich
und was verbindet sie denn nur?

Das Singen, die Musik ist hier das Ziel,
im Gleichtakt ihre Herzen schlagen,
begleitend, Harmonie, Musik, Orchesterspiel,
gemeinsam sie die Themen weiter tragen.

Die Melodie, sie ist mal traurig, fröhlich oder heiter,
die Einzelstimmen bringen sie hervor,
geführt von Dirigent, Kantor, Orchesterleiter,
im Sopran, Bass, Alt und Tenor.

Gefühl und Text gleichsam vermittelt werden
und Glücksmomente teilen wir,
gemeinsam im Konzert genießen wir
ein Stückchen Himmel schon auf Erden,
darum sind wir gleich nächste Woche
wieder zur Probe hier.

SCHULKREIDE

Wie ist das Tierreich so beschaffen,
die Antwort ist nicht leicht zu geben
steckt voller Wunder für mich alten Menschenaffen.
Es steckt Verwirrung, wie auch Vielfalt in dem Leben.

Wie heißt die Frau vom Hirsch denn eigentlich?
Das Reh ist's nicht, das ist mir später klar geworden.
Löwe und Tiger sind kein Paar und unterscheiden sich
und Hase und Kaninchen gehören zu ganz andren Hor-
den.

Der Schmetterling, dort auf dem Blatt,
wie färbt er sich so bunt und schillernd ein?
Und das ein Oktopus acht Arme,
neun Gehirne und drei Herzen hat,
soll das ein Märchen nur gewesen sein?

Ist denn die Weinbergschnecke ganz von blauem Blut?
Und morst Leuchtkäfer ganz verliebt des Nachts
der Liebsten zu?
So viele Fragen fordern Kopf und meinen Mut
und rauben mir die letzte Ruh.

Die Schulzeit ist ein Weilchen her
und es wird wieder einmal klar,
das Lernen fällt mir Träumer schwer.
Ob ich wohl grad in all den Stunden
in der Schule die neue Kreide holen war?

GEDICHT VOM GEDICHT

Ein Gedicht ist, was es ist,
nicht nur die Worte, die sich reimen.
Es ist der Ort der zeigt,
aus welchem Holze
Du geschnitten bist,
welche Gedanken in Dir keimen.
Welche Ideen sich in Dir verweben,
in Versen dann beschreibend uns die Welt
und was es ist, das Leben
und wie sich jeder Mensch darin verhält.
Aufgeben, Kämpfen und Gewinnen,
wird blumenreich nun ausgeschmückt
und so Girlanden gleich, sich leicht
und kunstvoll bildet jeder Reim,
erzählend was uns ängstigt,
freut und auch entzückt,
ist so des Lebens zarter neuer Keim.

ANTLITZ

Du bist so sonnig, dass ich will
Dir endlos in Dein Antlitz schauen,
nachdenklich, leicht verklärt und still
mit Dir zusammen möchte ich
mein Leben gestalten und aufbauen.

Ein zartes Lächeln, dass den Mund umspielt,
und runde Wangen ebenmäßig schön,
ein Blick aus Deinen Augen sofort ins Herze zielt,
ich könnte ewig Dich anseh'n.

Gesicht, Kopf, Haar und Hals alles perfekt.
Was hat denn die Natur sich nur bei Dir gedacht?
Kein noch so kleiner Makel ist bei Dir versteckt,
Wie halte ich nur aus, was das mit mir so macht?

Verbleibt ein einz'ger Grund allein,
der hindert mich von dort,
sofort mit Dir zum Standesamt zu gehen,
denn Du bist leider nur aus Stein,
so geh ich wieder fort,
Du bleibst allein im Park hier stehen.

VERLETZT

Verletzt und unverstanden fühl ich mich,
es fröstelt und geht unter meine Haut,
Enttäuschung macht sich breit,
sie verselbständigt sich.
Warum und weshalb nur
hab ich solange grundlos Dir vertraut?

Hast Du am Ende gar mich lange Zeit belogen,
war ich nur Spielball Deiner Eitelkeit?
Ohne Erklärung, ohne Wort hast Du Dich
einfach weit von mir zurückgezogen.
Was hat uns letztlich hier nur so entzweit?

Ganz ohne Reden kommt man nicht vom Fleck.
Gelegenheit ergibt sich leider keine.
So steckt der Karren fest im Dreck,
ich fühle mich verlassen, verletzt und sehr alleine.

UNTERSCHIEDE

Ein Elefant und ein Chamäleon
die hatten sich ganz schrecklich lieb,
darüber schrieb sogar das Feuilleton
doch insgesamt die Liebe leider nur
platonisch blieb.

Chamäleon war sehr liebestrunken,
es färbte ganz in grau sich ein
und Elefant, im Rundumblick
von ihr war er versunken, beschloss
ein Baumklettrer zu sein.

Allein gelang es ihr dann nicht
selbst bei der Überschreitung
aller Normen, in dem Camäleongesicht
den Rüssel und die großen Ohren nachzuformen.

Und auch der Elefant versuchte gar
zu balancieren auf dem Baumesblatt
was auch nicht sehr erfolgreich war,
der halbe Wald war danach platt.

Zusammenleben klappte also nicht,
bei aller Hingabe der beiden
entscheidend hier war das Gewicht
und dennoch konnten beide sich
ihr ganzes Leben sehr gut leiden.

ALLEIN

Novemberregen nieslig, feucht
und kalt aus grauen Wolken
direkt in meine Seele fällt.
Die Welt ist trüb, ich fühl mich
ohne Halt und ganz allein
auf mich gestellt.

War es absurd die Wahrheit Dir
zu sagen? Hätt lieber einfach
ich geschwiegen, genießend
Deinen hellen Lichterschein?
Ich aber hab es wissen wollen
und stehe nun am Fenster hier,
allein.

So hoffend auf ein bess'res Morgen
trinke ich sinnend einen warmen Tee.
Erhielte Nachricht ich von Dir, so fühlt
ich mich geborgen und Leib und Seele,
sie täten mir nicht ganz so weh.

KROKUS

Der Krokus ist ein Frühlingsheld,
wächst auf den Wiesen dieser Welt
und grüßt in gelb, weiß, violett
mit einem dichten Blütenbett.

Die gelben Stängel heißbegehrt,,
Safran genannt und altbewährt,
zu färben einen leckeren Kuchen,
den gerne möchte man versuchen.

Ein Jüngling gab der Blume ihren Namen.
Der Sterbliche und eine Nymphe nicht
zusammen kamen.
Die zarte Liebe fand kein Glück,
ein Götterzauber jedoch ließ
die zwei als Blumen uns zurück.

Krokus und Winde mahnen sacht
gebt gut auf Eure Liebe acht
und schenkt Euch gegenseitig Zeit
vergesst die eigne Eitelkeit.

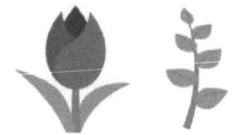

PARADIESVOGEL

Gefieder schillernd bunt und schön
wenn deinen Körper formt das Sonnenlicht,
voll Liebe wirst Du angesehen,
ein zarter Glanz er ziert dein Angesicht.

Bewegung ist ein Farbenreigen,
welcher dem Auge bei leichter Dehnung sich gestaltet,
es hängt der Himmel voller Geigen,
wenn leise flötend sich dein zarter Klang entfaltet.

Dein Gegenüber eher unscheinbar und schlicht,
welches versucht die Schönheit fest zu binden,
allein, den Käfig und das Eingesperrtsein magst Du nicht,
versuchst in Freiheit nur mit steter Lockung überall
den eignen Weg nur für Dein Ich
ganz ohne andre selbst zu finden.

RÄTSEL

Dein Lachen wird mir Rätsel bleiben,
das Letzte ist schon länger her.
Ich habe Schwierigkeiten es genauer zu beschreiben,
und dessen Deutung fällt mir schwer.

Die Ursach nichtig,
doch im Innern,
da wurde eine Glocke angeschlagen,
was für Dich lustig ist und wichtig,
Deine Erinnerungen kommen hier
sehr intensiv zum Tragen.

Meist mehr ein Lächeln nur,
gefüllt mit leiser Wehmut und Melancholie,
verstehen möcht ich gerne Dich,
doch es verliert sich schnell die Spur.
Versuche ich,
dann Deine Seele fragend zu begreifen,
in weißem Schweigen allzu oft,
vor mir verbirgst Du sie.

HASSLIEBE

Hassliebe ist aus Stoff erdacht,
aus dem sonst nur Tragödien sind.
Zwei nackte und verletzte Seelen
kämpfen so um die Macht,
die längst verloren schon in Tränen,
vergossen und zerstreut im Wind.

Ergreift doch nur die ausgestreckte
Hand zum Frieden, wendet zur Liebe
und in Hoffnung das Geschick,
damit der endlos bange Kampf
ist dann beendet, denn nur
gemeinsam findet sich das Glück.

SPIELSCHULDEN

Spielschulden sind Ehrenschulden
so wird gesagt seit Alters her
und sind sie auch nicht einzuklagen, so
drückt die Last Dich doppelt schwer.

Denn Du tust gut daran, sie bei
dem Freunde zu begleichen,
bevor es wieder nach dem Spiele tagt,
zu setzen Deiner eignen Ehre so ein Zeichen,
eh man nach säumgem Taler fragt.

Denn wer nur spielt, jedoch am Ende
ganz einfach frech die Zeche prellt,
der ist ein Hundsfott, hat es nicht verdient,
dass man ihm Achtung zollt in dieser Welt.

Drum sei gewahr, dass Du Dein Geld auch
bei Dir hast, bevor Du gehst die Wette ein,
sonst könnt am Ende Prügel nur Dein Lohn
bei einem solchen Spiele sein.

ALKOHOLIKER

Am Morgen vor dem Spiegel schon
ist kaltes Zittern reichen Trunkes Lohn,
es wird deshalb ein Schluck genommen
und dann erst mal zur Ruhe kommen.

Ein zweiter Schluck zum Zähneputzen
der sollte mir ein wenig nutzen,
die Zigarette gleich danach,
ich komm in die Gänge und werde wach.

Ein dritter Schluck, zum Frühstück angesetzt,
ich habe keinen Hunger jetzt.
Ein vierter Schluck, die Flaschen sind leer,
ich wank zum Späti, Nachschub muss her.

UNRUHE

Die Ruh ist dahin,
bin aus ihr gebracht,
unruhig mein Sinn,
hab mich aufgemacht.

Kann nicht sagen wohin
geht der Weg, noch das Ziel,
weiß auch nicht, wo ich bin,
noch von mir selbst sehr viel.

Wie es kribbelt da drinnen,
will aus meiner Haut
entfliehen, von hinnen,
hab mich nur nicht getraut.

Hier steh ich. Was machen?
Ich fühle mich nackt
und hab keine Sachen,
keine Koffer gepackt.

Hallo all ihr Lieben,
sagt, wie geht es zurück,
wo bin ich geblieben,
wo ist Ruhe und Glück?

WINTERREISE

Nebel über dem kahlen Feld, mein Zug eilt durch
winterlich kalte Welt, zu Zielen, die noch dem Blicke
verborgen, unklare Wege und ein unklares Morgen.

Huschend zieht Landschaft dort am Fenster vorbei,
ein schwach farblich getünchtes Einerlei
und niemand im Zug wirklich sagen kann,
wie geht es hier weiter und wo kommen wir an.

Als ich noch suchend nach draußen schau,
kommt eine Ansage ins weißliche Grau,
Zeit auszusteigen für mich an dieser Station,
ich verlasse den Zug und er fährt schnell davon.

Ich bin hier am Ziel meiner Winterreise,
der Zug ist fort auf dem einsamen Gleise.
Wo willst Du nur hin und was ist denn Dein Ziel?
Weiß verschneit ist der Fahrplan und ich erfahre
nicht viel.

NEUE ROSE

Im Garten von Gesträuch umstanden
entfaltet eine neue kleine Rose sich,
kündet von zarten Liebesbanden,
die still umfangen haben mich.

Du bist der Rose Ebenbild mein Lieb,
ich bin von Dir gefesselt und gefangen
und Dir mein kleiner Herzensdieb
gilt all mein Wehmut und Verlangen.

FROSCHREITER

(Abzählreim)

Hopp hopp, mein Lämmchen springe
schnell. So sind wir eins, fix, drei zur Stell.

Ich bin der Frosch, dein grüner Reiter,
zusammen kommen wir viel weiter.

Gemeinsam reden macht uns Mut,
denn so verstehen wir uns gut.

Auch wenn wir ganz verschieden sind
geht es voran, schnell wie der Wind.

Zum Schluss noch über Stock und Stein,
bald werden wir zu Hause sein.

Jetzt übern Hof zum Stall und Haus,
und morgen geht es wieder - raus.

PLÄTZCHENBACKEN

Lebkuchen, Honig, Mandelkern
haben alle Kinder gern
mit reichlich Zuckerguss verziert
und darauf bunte Perlen
dann drapiert.

Es grüßt Advent uns jetzt mit Licht
zaubert ein Lächeln ins Gesicht
und feiner Duft füllt unsre Küche
und weitere leckere Wohlgerüche.

Zimt und Muskat, auch Vanillin
Koriander, Nelken vor mir stehen,
sind in der Printenmasse drin
werden mit Rübensirup, Schmalz
und Wasser, Mehl versehen
auch Natron darf nicht fehlen
für den Teig zum Gehen.

Dann ausgerollt und Männlein
ausgestochen, beim Backen sich
dann nebenbei noch einen leckeren
Glühwein kochen. Kaum das
die Printen fertig sind, freut sich
jetzt aufs Verzieren jedes Kind.

Kekse füllen die Weihnachtsdose
und Zuckerreste kleben reichlich
nun auf Kleid und Hose,
von unsern kleinen PlätzchenbäckerInnen,
die singend grad ihr Zuckerwerk beginnen.

ADVENT

Advent ist es und Kerzenschein
erhellt die Stuben hundertfach
und Weihrauchduft, er hüllt uns ein
geschmückt mit hellen Lichtern
sind Fenster in den Häusern,
verschneite Bäume und das Dach.

In kalter dunkler Jahreszeit
erwarten wir die Ankunft
unseres Herrn, als Kind
in einer Krippe in dem Stall,
machen zum Feste uns bereit
zu loben Ihn mit frohem Schall.

Herr Jesus Christ wir bitten Dich,
vergib die Sünden uns
mit Deinem Opfer, Deiner Güte,
Du bist die Gnadensonne ewiglich,
vor Schad und Ungemach
uns hier und später sanft behüte.

ROTKEHLCHEN

Im Stall eine Krippe, ein Kind liegt darin,
Ochs und Esel im Stroh,
Sterne leuchten weithin
und Maria singt froh.

Sie singt ihrem Baby ein Lied in der Nacht,
zum Schlummer ganz leise
und Joseph, er wacht
zu der Weise.

Bis von Schlaf umfangen sie bald alle sind,
selbst das Feuer wird still,
welches wärmte das Kind,
und verlöschen es will.

Ein kleines Vöglein, es fächelt die Glut
mit Federschwingen,
dem Kinde zugut
unter zartem Singen.

Sengt sich das Gefieder in flammendem Rot,
in der heiligen Nacht
lindert es so die Not,
ein Rotkehlchen bei dem Kinde dort wacht.

ERZENGEL

Als Asrel auf die Erde kam, sich eine menschliche Frau
zur Seite nahm und zeugte die Riesen zu schlagen
das Erz, kam über die Erde viel Blut, Tod und Schmerz.
Die Nachricht zur Feste des Himmels drang, erzeugte
dort gottgewaltigen Klang, Luzifer strauchelt und fällt,
will bringen nun Übel in unsere Welt.

Die Erzengel stehen Gott zur Seit, es entbrennt
im Himmel ein mächtiger Streit.
Michael Himmel und Erde verteidigt und schützt,
von einer Schar goldflügliger Engel gestützt.

Gabriel den Glauben an Ziele uns bringt,
damit die Welt nicht im Chaos versinkt.
Raphael heilt des Körpers Gebrechen und
Uriel lässt uns in Weisheit sprechen.
Chamuel hat Liebe zu sich selbst und
zu anderen zu geben,
Jophiel bringt Schönheit und
Metatron achtsames Leben.
Zadikel lehrt uns Barmherzigkeit,
so leiten Engel uns Menschen
bis ans Ende der Zeit.

EPIPHANIAS

Stern hell leuchtend am Himmel im Morgenland,
drei Weise ihn sahen und gaben bekannt,
ein König wird kommen, geboren ist schon
der neue Herrscher, Marias Sohn.

Caspar, Melchior, Balthasar sie kamen herbei,
zu bringen dem Kinde manch Spezerei.
Kamele trugen durch Wüstensand,
Gold, Weihrauch, Myrrhe zur Königshand.

Heute ist erschienen uns Christus, der Gottessohn,
dem Auferstandenen erweist Ehre und Lohn,
beugt Knie und Herzen, macht Euch bereit,
zu folgen ihm gläubig in Demut zur Seit.

FRIEDENSGRUß

Ein ‚Pax vobiscum!', Friede sei
mit Dir! rief Christus der
Erstandene zum Gruße seinen
Jüngern zu. Der Friedenswunsch,
er brachte den verstörten Seelen
die Hoffnung wieder und schenkte
ihnen Zuversicht und große Ruh.

Gebt Euch die Hände, wendet
Euch zum Frieden, das war sein
Wunsch und Anspruch an die Welt
dass sich ein jeder an die Liebe,
zu Gott, den Menschen, wie
sich selbst, in aller Demut hält.

Der fromme Gruß, er möge uns
ein Hinweis sein für unser Leben,
dass friedlich wir gemeinsam
handeln und lernen, achtsam
einander zu vergeben.

VORBEI

Des ungeachtet ganz, wie schön es war,
und was gewesen, was wir uns ausgemalt,
gehofft, gedacht,
der Illusionen Glanz war auserlesen
und schön war die Gestalt
und was wir sonst gemacht.

Es ist vorbei, lehrt uns das Neue Jahr,
bleibt nur Erinnerung, und es ist einerlei,
was immer war, ins Unbekannte
geht der Sprung, aus und vorbei,
das alte Jahr.

HANGOVER

Entschuldigt Ihr Lieben, ich häng
mal kurz durch, hab's leicht über-
trieben seh noch aus, wie ein Lurch.
Musst mich übergeben, das Bier
war wohl schlecht, sonst wars volles
Leben, habe prima gezecht.
Auch Würstchen mit Fritten, die gab
es zuhauf, ich ließ mich nicht bitten
und aß alles auf. Der Schnaps und
das Mädel die waren famos. Jetzt
hab ich 'nen Schädel, was mache ich
bloß? Werd mir Kaffee kochen, schlaf
vor dem Fernseher ein. Ich bin wohl
gekrochen? Seh noch aus wie ein
Schwein. Mir ist noch ganz fad,
döse 'ne Viertelstunde, dann spring ich
ins Bad und dusche 'ne Runde.
Verpenne nun doch den ganzen Tag,
diese Joints sind ein Joch, ob' s an
denen wohl lag? Das ist nicht mein Bett
und ich bin nicht allein, es schlief sich
ganz nett, aber wer mag das sein?
Stehe jetzt auf mit noch trunkenem
Sinn und frag mich im Lauf, in welcher
Wohnung ich bin?

ERWACHEN

In Traum und warmes Dunkel
es dringen erste leise Töne
von Ferne an mein Ohr,
gleichwohl, wie Murmeln
und Gemunkel, mein Blut,
es rauscht mir Meeresbrandung vor.

Die Augen noch geschlossen
und doch dringt erstes Licht
auf Augenlider, Bettes Wärme
wird mit der Haut wohlig genossen.
Der Morgen grad mit Farbenwiderschein
in Klecksen durch die Fenster bricht.

Ein Räkeln wohlig und entspannt
ein erster kleiner Wimpernschlag
erhascht mit Sinnen rege Welt,
von draußen grüßt bei einem ersten
Blick der Tag, verschwommen
werden erste Bilder jetzt erkannt,
und blinzelnd sich der Tag erhellt.

Versichern sich des Partners naher
Gegenwart, kurze Berührung und
vielleicht ein kurzer Kuss gegeben,
die Füße raus zum Start ins Bad
und nach der Dusche dann zum
Frühstück und hinaus ins Leben.

ERFOLG

Wir streben und werken, rennen durch die Zeit
ohne Pause und Ruhe der Weg, er ist weit.

Viel Geld, viel Ruhm, viel Macht, viel Ehr,
zum Erfolg wir streben und bemühen uns sehr.

Doch die Befriedigung stellt sich nicht ein,
wir müssen immer noch besser sein.

Und letztlich bleibt die Erkenntnis zurück,
Erfolg ist eigentlich nichts, ohne Glück.

Wie wird denn Erfolg vielleicht besser
beschrieben? Die Antwort ist kurz,
wirklich zu lieben.

LIEBE

Liebe, die unerklärliche die alles umfassende,
mich in Unruhe lassende, lodernd hell brennende
Dich ehrlich bekennende wilde, begehrliche.

Ein Feuer heiß lodernd, die Flammen verzehren,
kann mich nicht erwehren, ein Licht strahlend,
gleißend mein Herz innig zerreißend,
Dich mein Lieb erobernd.

Machtlos bin ich, gefangen, möcht Dich halten,
fassen nicht von Dir lassen, mit Dir lachen, scherzen,
zwei nackte liebende Herzen, will bei Dir sein, voll von
süßem Verlangen.

HEIRAT

Heirat aus Liebe ist ne tolle Sache.
Nach kurzer Zeit sehr oft geschlossen,
so voll von Liebe, das ich nicht genau
weiß was ich mache, wird in dem ersten
Sechserpack von Jahren ganz einfach
nur genossen.

Heirat die von Vernunft geprägt,
sie findet statt oft nach Jahrzehnten
des Nehmens und des Gebens,
gestählt im Alltags Auf und Ab,
da sichere ich den Partner
für den Rest des Lebens.

Heirat aus Frust und Langeweile,
wenn erste Liebe grad erkaltet,
nach erstem Kind und lautem Streit
und immer nur in Eile, da will den
Partner nur aus Selbstsucht ich.
Verlieren wird zumindest einer
von den Zweien dann, ganz
furchtbar und ganz sicherlich.

Drum prüft und schaut in Eurem Leben
bevor ihr einen Partner für Euch findet,
dass die Beziehung ist geprägt vom Geben,
von gegenseit'ger Achtung und der Liebe,
mit der Ihr Euch verbindet.

KIND

Ein Kind geht hier, an meiner Hand,
ich denke es ist meines,
hat zu mir froh den Blick empor gewandt,
ich liebe es, wie keines.

Vertrauen ist das zarte Band,
verbindend uns und was uns trägt,
die klaren Augen und die fest gefasste Hand,
sie zeigen mir, wofür mein Herz grad innig schlägt.

Möcht schützen und bewahren es,
sollt irgend Unbill und Gefahr es geben,
muss dennoch freizügig indes,
es später dann vertrauensvoll entlassen
in das echte Leben.

KUSCHELTIER

Mein Teddy ist mein Kuscheltier,
ich schlepp ihn mit, wo ich auch geh und steh.
Ganz abgeliebt ist schon sein Fell,
ich hab ihn immer dicht bei mir
und hat er mal ein Wäscheloch,
tut es mir selber weh.

Dann stopft ich ihn, so gut ich kann,
ein Pflaster kriegt er schnell.
Ich zieh ihm manchmal auch
ganz hübsche Sachen an,
aus einem Stoff, sehr fein und hell.

Geh ich spazieren, muss er mit,
dann kriegt er Stiefel an,
flanieren tun wir mit dem Regenschirm zu dritt,
der Teddy, ich und Mama im Gespann.

HANDICAP

Unser lieber großer Kleiner
spielt still vergnügt für sich allein im Sommergarten,
erfreut sich am Geruch der Blumen, wie sonst keiner
und schnuppert sich durch hundert Blütenarten.

Als Downie hat ihm die Natur ganz andere Dinge
als uns selbst mit auf den Weg gegeben.
Einiges davon, es hindert ihn, zur Teilnahme
am von uns 'ganz normal' genannten Leben.

Andere Aspekte von ihm selbst,
bleiben hingegen uns verborgen
die Fröhlichkeit und helle Freude fasziniert
und sie vertreibt selbst unsere Alltagssorgen.

Die meisten Sachen jedoch sind
bei allen von uns völlig gleich,
viel Liebe geben und empfangen wir
von unserem großen Kleinen
und die Gemeinschaft macht uns reich.

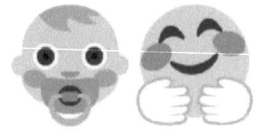

OCHS & KUH

Bin ich ein blöder Ochse, blöde Kuh,
weil ich ganz einfach nach der Liebe frage
und Hoffnungen mir mache,
auf meine nicht mehr ganz so jungen Tage
in einer scheinbar nicht sehr
aussichtsreichen Sache?

Die Antwort sollt Dich nicht vergrämen,
guter Gefühle solltest Du Dich niemals schämen.
Nur wenn Du fragst, ist Dir vielleicht Erfolg beschieden.
Schweigst Du, so hast Du Deine Chance im voraus selbst
vergeben, sie nur aus Angst vor Ablehnung und
vor Dir selbst vermieden.

UHR

Tick, Tack Eins, Tick, Tack Zwei,
Zeit läuft beständig
und ist schnell vorbei.
Tick, Tack Drei, Tick, Tack Vier,
Zeit hab ich nicht,
ich nehme sie mir.
Tick, Tack Fünf, Tick, Tack Sechs,
die Lebenszeit ist
nur ein kleiner Klecks.
Tick, Tack Sieben, Tick, Tack Acht,
mit etwas Zeit ist
Arbeit schnell gemacht.
Tick, Tack Neun, Tick, Tack Zehn,
mit Freunden durch
das Leben gehn.
Tick, Tack Elf, Tick, Tack Zwölf,
es schlägt die Uhr, die Stunde Dir,
drum wähle mit Bedacht, was
Du in dieser Lebensrunde
denn hast aus Deiner Zeit gemacht.

HÖRVERSTÄRKER

Tagträumer erfanden ein Hörgerät,
ganz nachhaltig gemacht aus Holz
und in der Sache effektiv.
Man konnte mit ihm trefflich Hören,
wie so das Eis im Frühling schmolz
und das die Ameise am Baum
nicht ganz im Gleichtakt mit den
anderen Freunden lief.

Recycelt war das Ding aus alten Türen,
erlaubte jedoch einem Lauscher,
selbst neuem Gras beim
Wachsen nachzuspüren.
Warum es nicht in Serie ging
ist dennoch klar und unbestritten,
war doch das Super-Hörgerät aus
etwa einer Tonne Holz geschnitten.

WITZ

Was ist ein Witz, was lässt uns lachen
und welche Witze sollten wir
mit andern Menschen machen?
Die Antwort drauf ist nicht so leicht gegeben,
erheitern, nicht verletzen heißt hier der Tipp
fürs (Über)Leben.

Ein Scherz soll sicher unerwartet sein,
ein Wortspiel stellt sich spielend,
wortwörtlich mit den Worten spielend ein.
Konstellationen bilden sich,
die wild sind, ulkig, merkwürdig?
Abstruse Situationen sind vonnöten,
sonst geht der Witz ganz einfach
ganz von selbst schon (*flöten*).

Auch Wortwitz bringt uns manchmal weiter,
so wie der wild entschlossene, wenn auch sehr
kleine, dichtbehaarte Langhaardackel-Reiter.
Versprecher würzen ebenfalls die Suppe,
in jeder laichbereiten Grippe.
Ihr seht, so schwierig wirds nicht sein,
stellen sich Menschen hier und gleich,
mit guter Laune reich versehn
aufs Miteinander und aufs Lachen ein.

KRANKENHAUS

Sonnabend ist's ich hab nichts vor,
komm geh'n wir mal ins Krankenhaus
die leihen täglich hier der Welt ihr Ohr,
wenn nur die Leute sähen dort
nicht ganz so kränklich aus.

Ein Ziehen hier, Wehwehchen da,
bisschen bekloppt, doch sonst noch hell,
ein Alkoholproblem, ne Prostata,
die Schwestern hier sind schnell
und effizient zur Stell.

Du wirst bemuttert, kriegst ein Bett
und wenn Du Glück hast, bleibst Du bis zum Morgen,
ein Doktor kommt, ist auch zu Kotzbrocken sehr nett,
das Personal vertreibt Dir so die Alltagssorgen.

Selbst wenn ich nur ein Arschloch bin,
und werde dann für krank genug befunden,
dann winkt mir Kurzweil für den Tag,
wenn nicht dann bleib ich ein paar Stunden -
ganz sicher geh ich wieder hin.

LICHT

Das Licht sich unglaublich schnell bewegt und entfernt,
das hatte ich schon in der Schulzeit gelernt,
nur glauben mag ich's bis heute noch nicht
und schalt ich am Schalter, kommt hier leider kein Licht.

Vielleicht breitet das Licht sich heute nur langsamer aus,
denk ich und wart länger, doch es bleibt dunkel, oh
Graus!
Und mir Deppen wird klar nach kurzer Frist,
dass die Lampe wohl nur nicht in Ordnung ist.

Moral:
Man kann sich gern der Welt
wider besseren Wissens verschließen,
doch sollte es Dich dann auch nicht verdrießen,
wenn die Wirklichkeit holt Dich ein,
danach wirst Du sicher klüger sein.

MOPSORATEN

Im Hundereich die Mopsoraten
widmeten sich dem Schreiben
großer Hundemoritaten
und lang und breit es wurde auch begründet,
warum der Mops am Schreiben von Gedichten
Freude findet.

Ist Menscheln eine Zeile wert?
Auch Hundeln wäre nicht verkehrt.
Als Influencer kann man tätig sein,
schließt neue Medien so mit ein.

Und nebenbei, es wurde unter diesen,
auch auf den kleinen Hund mit Namen Fips verwiesen
durch einem Christian M verdichtet,
der unverblümt von einem Hundeschlips berichtet.

Auch mir fiel eine Menge ein,
doch Mopsorat will ich nicht sein,
Ein Knochen interessiert mich nicht.
Und damit endet das Gedicht.

KUCKUCKSEI

Ganz atemlos zum Nest zurück
da liegen Eier, gleich zwei Stück.
Nanu, jetzt bin ich ganz verwirrt,
ein drittes Ei, gesprenkelt,
das hat sich hier ins Nest verirrt.

Na macht ja nichts. Ich werde sie bebrüten
und bis zum Schlüpfen sorgsam, wie meine Augen hüten
und bin gespannt auf Nachwuchs schon,
das ist der Vogeleltern größter Lohn.

Was seh ich, heut sind sie geschlüpft
zwei kleine und ein großes Küken, grau.
Freudig wird hin und her gehüpft
in unserm kleinen Nachwuchsbau.

Wir bringen Futter, unterdessen
ist nur allein das große Küken hier.
Die anderen stürzten aus dem Nest
und wurden schnell gefressen.
Wir füttern und versorgen
nun das verbliebene arme Tier.

Bald ist es groß und es fliegt fort,
den braven Eltern hier zum Hohn.
Der große Kuckuck sucht sich einen neuen Ort,
Undank ist eben manchmal auch der Welten Lohn.

KORBMACHER

Alter Beruf für nachgefragte Waren,
so hergestellt seit vielen tausend Jahren,
aus Weidenruten sorgsam abgeschält und eingeweicht,
danach gesammelt bis es für so ein Körbchen reicht.

Korbmacher heißt der spät geeinte Stand,
bereits im Mittelalter gut bekannt,
geflochten wurden Körbe rund und schön,
sehr praktisch, haltbar und hübsch anzuseh'n.

Zum Markt mit Korb war Pflicht für jede Magd,
sie trug ihn stets mit Tuch und überm Arm,
denn das war angesagt,
Korbmacher boten feil die modisch schicke Ware,
zogen von Ort zu Ort, meist über viele Jahre.

Kopfweiden an Fluss und Weg gelegen
waren für Korbmacher ein Segen,
Ruten verflochten dann in alter Weise,
erzielten auf dem Markte als
Tisch und Stuhl auch gute Preise.

Hausieren tut heut keiner mehr
und schleppt mit einer
Stiege uns die Körbe her,
doch zeitlos, nachhaltig
und schön
sind sie noch immer
anzuseh'n.

SIEBEN ZWERGE

Die sieben Zwerge werden wir genannt,
wir sind nicht groß, doch sehr bekannt,
graben nach Mineral, Metall, auch buntem Edelstein
in Felsen, Wald und Wiesenrain.

Vom Bergbau wissen wir sehr viel,
das ist für uns ein leichtes Spiel.
Mit Hämmern, Meißeln, Pickeln zieh'n wir fort
erkunden manch verborgenen Ort.

Kommen dann heim mit Schätzen reich beladen,
können in Silber, Gold und auch Rubinen baden.
Machen zum Abend uns dann wieder frisch,
'Schneewittchen, komm und setz Dich zu uns
an den Tisch!'

DURCHZUGDACKEL

Hallo ihr Leute, kein Geschnackel!
Ich bin es bloß, der Durchzugdackel.
Oft liege ich im Weg herum, doch
Bitte nehmt mir das nicht krumm,
denn läg ich nicht vor eurer Tür,
würd es im Flur schön ziehen hier.

Ich kuschel mich in offene Ritzen
und lass Euch nicht im Kalten sitzen,
mit meiner Hilfe wird es warm,
denn sonst verkühlt ihr euch den Darm.
In Türen, Fenster eingepasst,
da mache ich sehr gerne Rast.

Nur die Haustiere mag ich nicht,
denn sie zerkratzen mein Gesicht
und schlitzen auf mein Innenleben
als könnt es sonst nichts Schöneres geben,
und pinkeln nach dem Meuchelmord mich an.
Was hab ich ihnen bloß getan?

Wer war es, der mich umgebracht,
zu einem Lumpen hat gemacht?
Find es heraus Du schlauer Kommissar,
wer hier der böse Täter war.

Auf meinem Stoff, der Abdruck einer Tatze,
wie war der Name dieser Katze?
Ihr findet ihn, hier im Gedicht,
mehr helfen werde ich Euch nicht.
Findet Indizien in dem Text,
dann ist die Suche nicht verhext.

NÄHGARNBUCH

Tagträumer stellten fest, in Büchern wird neben der
Schrift oft sehr viel Platz für Abstand nur ganz
ungenutzt verschwendet,
so wurde schnell von Ihnen ein Druckgerät gebaut, das
Nähgarn nun zum Auffädeln der Buchstaben verwendet.

Durch diesen hoffnungsvollen Trick ließ sich ein
Riesenbuch auf einer kleinen Rolle Garn platzieren,
allein es gab auch einen Pferdefuß, ließ sich ein
solches Buch doch ohne Lupe gar nicht mehr studieren.

Der Platzeffekt war richtig groß, doch wurde die Idee
am Ende leider wieder aufgegeben,
Haptik ist wesentlich bei einem Buch und
es ist obendrein viel praktischer im Alltagsleben.

SOMMERREGENERINNERUNG

Im Sommer Regentropfen rinnen
gleich Tränen von den Blättern
und fließen schnell von hinnen
zu Pfützen in den nassen Wettern.

Novembergrau und kalt ist nun die Welt,
die nur sich selbst vor andere stellt
und Freunde lässt im Regen stehen,
will nur allein nach vorne gehen.

Versucht allein das Glück zu zwingen
ich denk, es wird wohl nicht gelingen.
In dieser Welt wird letztlich nur erfolgreich sein,
wer seine Freunde freudig schließt mit ein.

WETTER

'Könnt schöner draußen aussehn,
denk ich mir und schau,
vom Warmen hier in nasses Grau
wie gut hier drinnen, nett und licht,
mit einem Warmgetränk
am Fenster nur zu stehn.

Denn draußen kann es grade
viel scheußlicher nicht sein.
Regen und Wind, sie richten sich
hier rund ums Haus auf Dauer ein
und nur ein dünnes Fenster trennt
mich von der Kälte nass und fade.

Ich will mich amüsieren,
denke ich und wend mich nur dem Drinnen zu,
vergess einfach das Draußen, lass es schnell in Ruh,
denn wenn ich's gut verdränge, meine ich,
kann erst mal weniger passieren.

Indes wird außen,
hier in unserem Garten,
so einiges verheert,
weil sich das Wetter
gar nicht darum schert.
Es kennt einfach
kein Drinnen
und kein Draußen.

LUMUMBA

Am Sonntag zu der Kaffeezeit,
da ist es wieder mal soweit,
ich gönne dann Lumumba mir
als ein besonderes Plaisir.
Kakao wird heiß mit Rum serviert
und darauf Sahne schön drapiert
mit braunem Zucker ein Genuss,
den man ganz sicher haben muss.

Der Namensgeber Freiheitsheld
im Kongo erster Souverän des Staates für die Welt,
erschossen und zerstückelt dann
und nur sein Goldzahn kam erst nach
dem Kaltem Krieg bei den Verwandten an.
Der erste Schluck deshalb für Unabhängigkeit,
und dass die Staaten Afrikas werden von
Fremdherrschaft befreit.

Der zweite Schluck gilt der Geschichte
mit Titel ‚Tote Tante' von der ich nun berichte.
Nach Dänemark da wurde eine Urne mal verschickt
in einer Kiste für Kakao, ich weiß das klingt total verrückt
und war für das Getränk deshalb der Namensgeber
Nummer zwei.

Ich trinke auf die Tante jetzt
und leere meinen Becher
aus, es schmeckt mir gut
und lässt mich lächeln,
still dabei.

MEMENTO MORI

Ein Friedhof, Bäume, milder Schein
Wartend am Grabe, still, allein.
Hier endet aller Welten lauf,
Leben ist endlich und hört auf.

Erinnert eigene Sterblichkeit,
nur Gäste sind wir in der Zeit,
vorbei des Menschen Eitelkeiten,
bedenkt dies Schicksal nur beizeiten.

Lebt zugewandt und habet acht,
was Ihr mit anderen Menschen macht,
denn daran werdet Ihr gemessen
und nicht an dem, was Ihr besessen.

Einsamer Schlaf ist uns beschieden,
in kalter Erde still hienieden.
Können wir auf Erweckung hoffen?
Wir glauben, doch die Frage bleibt
für uns ganz ungewiss und offen.

COMPUTER

Computer an, Passwortabfrage,
mal sehen, was ich diesem Ding
von mir denn heut so alles sage?
Bis Du normal oder pervers,
stehst Du auf, Kinder, Männer,
Frauen, Sado, Latex, darf ich bitten?
Nur zu, für Geld ist alles doch
im Internet nur einen kleinen
Klick entfernt und alles
pfeift dort auf die guten Sitten.

Lebe Dich nur aus und habe Spaß,
was scherst Du Dich denn um das Morgen,
verkauf meistbietend Dinge, Partner,
Freunde, Kinder, alles was Du hast
in einem bunten Quiz und lebe
mit dem Geld dann ohne weitere Sorgen.

Sei gierig, geizig, skrupellos und
nimm die andern aus nach Strich und Faden,
denn bist Du nicht der Wolf, bist Du
der arme Dumme bloß
und gehst am Ende selber baden.

Machst Du das alles nur noch mit
und hast vor der makabren Flut im Internet
im Grunde längst schon aufgegeben?
Oder besitzt Du noch den Mut
zur Selbstbestimmung und dafür,
den Stecker hier auch mal zu ziehen,
für warmherzige Menschen
und das reale Leben?

SPRECHKERZE

Tagträumer erfanden eine Kerze
die war belesen und sehr eloquent.
Man konnte reden mit ihr und auch treiben Scherze
und manche Menschen wirkten neben ihr nur
echt verpennt.

Sie war ein interessanter Gast
im Fernsehen und der Diskussion,
fand bald heraus, was Du so anzubieten hast
und keiner kam ganz ungeschoren hier davon.

Sie war ein schlaues helles Licht,
klug, fotogen und sehr bekannt,
Geheimnisse jedoch, die konnte sie behalten nicht
und wurde darum kurzerhand
ganz flott und leuchtend abgebrannt.

DEUTSCH

Was ist das Deutsch?
Und kann mit Stolz ich Deutscher sein
und dabei nicht bedienen den alten Hass der Leute, die nur nach Krieg
und Zeter, Mordrio laut schrei'n?

Oh ja, es geht,
wenn ich mich nur besinne,
wo meine guten Wurzeln sind
und ich beginne
zu schützen auch das farbige
mir unbekannte Nachbarkind.

So ich versuche, nicht Geschrei,
Demokratie zu leben und auch
zu verstehen, denn dann kann ich
bewusst und frei, Hand auf dem
Herz durchs Leben gehen.

Einen Disput den trage ich, durch
Reden, nicht mit Gewalt und Waffen aus,
bin offen und ehrlich zu allen Menschen
und öffne ihnen gerne mein Herz und Haus.

Die Sprache spreche und pflege ich,
orientier mich an Kunst, Kultur und dem echten Leben,
verbiege sie nicht und verkünstele mich,
nur um ihr ein Sternchen mehr zu geben.

BERLIN

Berlin, Du alte Wüste, Dorfansammlung an de Spree,
der Funkturm, Mitte, Rotlicht, Titten, Arsch und Brüste,
Fahr ick hier wech, dann tuts mir weh.

Quirlig, flappsig, fleckig, und morjens echt verschlaf'n,
am Fernsehturm, die Wände oft besprüht und
meist'ns dreckig, die alte Mauer am Osthafen.

Kreuzberg divers und Wedding, Friedrichshain,
der Zoo, Alex und Tierpark ooch jleich nebenan,
eilich musset hier dauand sein und allet hetzt,
so jut et kann.

Chillen am S-Bahnbogen, Wiese, een kaltet Bierchen
jetzt und Baden jehn am Müggelsee,
janz wenich Städte jibt's wie diese
'Ick liebe Dir' Du alte Perle an de Spree.

UFO

Tagträumer hatten in Berlin auf einer Brücke am
Berliner Dom ein unbekanntes Flugobjekt gesichtet.
Obwohl es sehr auffällig war, hat dennoch keine Tages-
presse von dem Vorfall jemals bis dato uns berichtet.

Der Erstkontakt der Wesen aus dem All, geformt so
wie ein kindergroßer Fisch mit Beinen,
war ein bekannter Penner aus der Nachbarschaft.
Das war ein Riesen-Flop, könnte man vielleicht meinen.

Der Typ jedoch kannte sich aus im Leben, wenngleich
er nicht, mit allen Wassern fein gewaschen war.
Doch fast zu allen Fragen konnt' er den Fischchen gute
Auskunft geben. Wie wir denn so als Menschen ticken,
war diesen Aliens sehr bald sonnenklar.

Nach einem Gläschen Rotwein noch im Stehen und
kurzem Rundflug für den Penner, der trinkt seit diesem
Tag kein Schlückchen mehr, sagten die Gäste dann Adieu
im Gehen und sie entschwanden schnell im UFO zu den
Sternen ohne Wiederkehr.

Zurück blieben der Penner, Tagträumer, einige Passan-
ten, und bald war auch die Brücke wieder wüst und leer.

STERNENSTAUB

Ruhige Rhythmen, Streicher
mit Trompeten und ein leiser
weicher Sound, schreitet voran
in großer Ruh und Harmonie, trägt
die Musik, drängt dann voran die
Story und eine Klarinette spielt
dazu, was sie so alles musikalisch
kann, beschreitet neue Wege von
himmlisch gutem Jazz begleitet.

Und Sternenstaub verteilt sich,
kaum sichtbar, hier jetzt fein im
Raum und große Ruhe macht
sich breit in meinem Kopf und
ich vertreibe mir die Zeit,
ganz eingefangen in zeitloser
Ewigkeit und weicher Melodie,
der Bass zupft leise und
beständig sie.

Die Pause hier im eignen All
und Sternenstaub, sie tut mir gut,
hat meine Sinne abgekühlt und
stärkt auch meinen Mut, liegend
hier auf dem Cannapee mit Rotwein
für die trockne Kehle und ganz in
Kissen eingewühlt, lauschend
Musik als Balsam für die Seele .

LEUCHTFEUER

Licht an, Licht aus
im Leuchtturmhaus
gefolgt von einer Pause,
dann Licht an im Hause,
Licht aus, Licht an
ganz lange und
von vorne dann.

Ein Licht, ein Punkt,
aus der Ferne gefunkt.
Darüber die Sterne,
Horizont in der Ferne.
Ein Punkt, ein Licht
überm Meer klare Sicht.

Ein Boot, Leuchtfeuer,
im Meer Seeungeheuer
schlafen in Wassers Tiefe
Still! Sonst man sie riefe.
Ein Leuchtfeuer, das Boot
ist sicher, ohne Seenot.

Hohe See, eine Welle
rollt heran, ist zur Stelle,
Boot ist auf Kurs in der Nacht,
unser Steuermann, er wacht.
Eine Welle, hohe See,
fahren unter Segeln,
ich sehe Land in Lee.

LEBENSSCHIFF

So manches ferne Ufer noch,
das wird mein Lebensschiff erreichen,
wenn ich nur achte Wind und Wetter,
und seh am Horizont Gefahrenzeichen.

Ich werd ein alter Fuchs genannt
bin schon ein wenig rum gekommen
doch habe ich mir überall
für gute Freunde stets
viel Zeit genommen.

Geteilt mit Ihnen Brot und Wein,
wichtig war immer das Verstehen,
ebnen für uns ein Stückchen Weg,
um ihn gemeinsam dann zu gehen.

Begleitet mich auf dieser Fahrt
teilt mit mir Not und Freude, Euer Leben!
Dann wird es auf dem Lebensschiff,
so manche gute Stunde geben.

HÄUSCHEN

Ein altes Haus von mannshohen
Pflanzen umstanden, hinter dem
Zaun im Sommersonnenschein,
es ist schon sehr alt und dennoch
möchte ich an keinem anderen
Orte der Welt lieber sein.

Am kleinen Hafen gelegen, mit Rosen
vorm Fenster und sorgsam mit Ried gedeckt,
zeigt es uns erst beim zweiten Blicke von Nahem,
was alles hinter dem alten Türchen und
den kalkweiß getünchten Wänden so steckt.

Im Innern die Wohnung des Fischers,
ist stilecht geblieben und sparsam möbliert,
dennoch wohnlich und wurde sehr liebevoll
mit den Blumen des Gartens, Kissen
und Holzspielzeug ausstaffiert.

Ein Ort des Lebens mit Kindern, die tollen,
pflücken Blumen im Gras und spielen am Zaun,
so erfüllt mich das Häuschen mit Freude und Wehmut,
wurd es doch mit Bedacht zum drin Leben gestaltet,
auf solch eine Zukunft würde ich baun.

HAUSGEIST

In unserem Haus möge ein guter Geist
durch alle Ecken und Winkel streichen,
den Gästen zeigen, was es heißt,
auf Freundschaft, Freude, Empathie
zu setzen als ein Zeichen.

Es rührt der Geist uns an, ganz zart,
wenn wir so sitzen in der Runde
bei Essen, Wein und guter Lebensart
und tauschen manche neue Kunde.

Beseelen mög er uns beizeiten
zum guten Reden und Verstehen,
dass wir auch mit- und füreinander streiten,
versuchen so gemeinsam
ein Stück des Lebenswegs zu gehen.

Auf denn Ihr Freunde, hebt das Glas!
und lasst uns singen, reden, zechen
gemeinsam leeren manches Maß,
der Freundschaft so mit gutem Geist
auch eine Lanze brechen.

LICHTBLICKE

Dezember, in Grau
es grüßt neblig der Tag,
die Seele schaut flau,
was es geben mag.

Ein schneller Text
ein Wortgeflecht
es ist verhext,
nichts gelingt heut so recht.

Im blaugrauen Fenster,
blühen Orchideen
vertreiben Gespenster
lassen Lichtblicke sehen.

STOFFBLUMEN

Stoffblumen versüßen den Januar,
der kalt und rau ist, an Farben rar,
von Niesel und Regen reichlich durchzogen,
um Schnupfen und Draußen macht man einen Bogen.

Die Suche nach warmer Geborgenheit
durchzieht unsere Herzen in dieser Zeit,
wir trotzen am Feuer der Kälte der Welt,
die uns noch in festem Griffe hält.

Am Fenster die Blumen zeigen nur,
die Sehnsucht nach Farbe und Natur,
gebastelt aus Wolle und Stoff knallig bunt,
tun sie unseren Wunsch nach Frühling und Liebe kund.

SEEUFER

Die Sonne scheint fahl noch,
Frühjahrslicht auf dem See,
ruhigen Schrittes am Ufer
entlang ich geh.

Das Licht seidig fahl,
weißbläulich, hellgrau,
Himmel im Wasser
auf welches ich schau.

Pärchen spazieren,
bestaunen den Tag,
entdecken was Sonne
bereits vermag.

Schneeglöckchen
am Ufer, im
Erlengesträuch,
sie bringen ersten
Frühling zu Euch.

FRÜHJAHR

Durch grünend strebende Natur,
möcht ich im Frühjahr gerne streifen,
Waldwege führen durch die grüne Flur
und zarte Blütenknospen reifen.

Im braunen Unterholz und dem vorjährigen Laub,
grüßen uns erste Blätter still entgegen,
erneut wird alten Winters Raub
und weiße Kätzchen sich an Weidentrieben regen.

Heraus, heraus zur Frühjahrssonne,
ihr Blumen hier auf grasbedeckten Matten!
Begrüßt die Liebe, neue Wonne!
Lasst Euch dazu von uns
einen Besuch abstatten.

SOMMERLINDEN

Sommerlinden in Blüte, ein Traum,
in luftiger Höhe zu sehen kaum,
doch duftend weithin durch Wald und Feld,
den Sommer kündend unserer Welt.

Schwersüß, klebrig vom Baum tropft der Nektar und fällt,
bringt heiteres Gemüt in unsere Welt,
verheißend Sommer und Sonne,
schenkt uns Freude, Leichtigkeit und eitle Wonne.

Das Summen der Bienen, es gibt uns bekannt,
der Sommer zieht jetzt in unser Land,
ein Lächeln erfüllt uns, macht Herzen weit,
in dieser lichtfrohen und warmen Zeit.

SONNENUNTERGANG

Sonne orange leuchtend,
in flammendem Glanze
neigt sich der Tag.
Wiese grünsaftig, kraftstrotzend,
nährt grasende Rinder
im nahen Gefiert.
Den Abend freudig genießend
sitzen Freunde am Tische
bei Wein und Gespräch.
Horizont erglühe! Die nahende
Nacht uns jetzt zu künden.

Ruhe, leis uns umhüllend
das Rauschen der Bäume
im abendlichen Wind,
Kühle, aus der Wiese aufsteigend,
gibt Erfrischung vom Tage,
spendet uns ersten Tau.
Mücken im Streiflichte tanzend
summen in Schwärmen
über dem Boden.
Dämmerung komme! Bring uns
herbei die glühenden Farben
des Abends am Himmel.

HERBSTWALD

Herbstlicher Wald mit kühlen Nebelschleiern
zeigt uns des Jahres nahes Ende,
zart weißliche Girlanden ziehen
träg wabernd über kleinen Weihern,
zur Ernte rühren sich die fleiß'gen Hände.

Vorräte sammeln wir für winterkalte Tage,
aus Garten, Feld und Waldeslichtung,
auch Pilze finden sich ganz ohne Frage,
geh'n wir durch baumbestandene Flur
in einer Richtung.

Durch braunes Laub und ersten Frost
zieh'n suchend wir auf weichen Wegen,
im Keller blubbernd gärt der erste Most
zum Wein von den nun kahlen Reben.

Nachmittäglich fahler Sonnenschein,
lädt uns zum letzten Wallen in den Fluren,
ein lichter Gruß, bevor der Winter stellt sich ein,
wir gehen heimwärts, hinterlassen nasse Spuren.

ERSTER SCHNEE

Wie schön, wenn erster weißer Schnee ganz leise
aus gelblich grauen Wolken auf die Landschaft fällt.
Wenn dicke Flocken gehen auf die Winterreise,
bedecken kahle Bäume, die Landschaft und das Feld.

In gleißend hellem Sonnenlicht
vor blauem Himmel zeigt sich die Natur.
In tausend kleinen Fünkchen
das Licht sich in Kristallen bricht
im glitzernd weißen Winterkleid
bedeckend stillen Wald und Flur.

Die kalte Luft ganz frisch und rein
belebt die Sinne, macht uns froh
und lädt uns zum Spaziergang ein
durch Feld und Rain ganz frohgemut
gleich einem Mops im Haferstroh.

FROST

Jetzt ist es winterlich und kalt
Frost zupft Dich leise
an den Ohrenspitzen,
die Spatzen suchen Futter
nicht mehr im nahen Wald,
man sieht sie jetzt
erwartungsvoll in unserem Garten
an den Futterplätzen sitzen.

Eis bildet sich im Garten in den Schalen,
das Kätzchen kommt nach drinnen
nun zum Wasser schlecken.
Raureif will unsere Fenster jetzt
mit Eisblümchen bemalen
und zarte Eisgespinste bilden sich
in dem Gesträuch und Hecken.

Das Thermometer in der Frühjahrssonne
ist nun auch mittags unter Null verblieben,
ganz zugefroren unsere Regentonne,
auch mir wird kalt, ich gehe schnell ins Haus an
unseren Ofen und zu meinen Lieben.

WINTERMORGEN

Schnee fällt in seidigen Flocken,
weiße Hülle in kalter Nacht,
will jetzt nicht drinnen hocken,
muss hinaus in die stille Pracht.

Schnee krirscht unter den Füßen,
Frostgesträuch, schneebedeckt,
eisig erstarrte Zweige mich grüßen,
warten bis Sonne sie wieder weckt.

Pastell gefärbter Wintermorgen,
betupft mit Himmelsfarbenregen,
vertreibt das Eis und Alltagssorgen,
kündet baldiger Sonne Segen.

WINTERZAUBER

Winterzauber, Zauberwinter
Schneegestöber, hier gleich hinter
dem Haus, der Garten weiß bedeckt,
ein Winterparadies, das Freude weckt.

Hinaus zum Rodeln, Schneeballschlacht,
auf Skiern jetzt eine Tour gemacht,
die Luft im Winterwetter frisch und kalt
der Weg führt uns zum nahen Wald.

Ganz weiß bepudert die Natur,
ganz still ist es in Wald und Flur,
genießend, ganz wie jungen Wein,
zieh'n kalte Luft wir in die Nasen ein.

Belebt und froh kehr'n wir zurück,
die Katze folgt uns noch ein Stück,
macht weiße Spuren bis zum Haus,
am Feuer klingt der Winterzauber aus.

WINTERROSE

In Winterstille, die Luft rein und klar.
erblüht eine Rose ganz wunderbar,
In kräftigem Rot auf weißem Schnee
mit zarten Blättern im Eis auf dem Klee,
widersteht sie den kalten Naturgewalten,
die das Pflänzchen in ihrem Griffe halten.

Die hellgrünen Blätter halb erfroren
in eisiger Kälte, die uns zupft an den Ohren,
gezeichnet durch Sterne aus geschmolzenem Schnee,
zeigt uns diese Rose Liebeslockung und Weh.
Ein Zeichen der Liebe, die niemals erfriert,
uns für das Leben inspiriert.

Mit heißer Liebe auch in eisiger Zeit,
bestehend Gefahren in Zweisamkeit,
wie die Rose im Schnee, so möchten wir sein,
schließen in unseren Herzen die Liebe ein.
Ein Gefühl von Wärme und Licht in der Welt,
das selbst im Todesbann uns noch am Leben erhält.

PIEPMATZ

Piep, Piep, der Piepmatz,
Piep, Piep, ist kein Spatz,
Piep, Piep, eine Kohlmeise
auf großer Reise.

Tock, Tock, hör ich recht
Tock, Tock, ein Buntspecht
Tock, Tock, hackt an der Rinde,
drin hockt die Made mit dem Kinde.

Krah, Krah, die Krähe
Krah, Krah, in der Nähe
Krah, Krah, hat eine Nuss
die sie schnell auffressen muss.

Tschilp, Tschilp, frecher Spatz
Tschilp, Tschilp, macht einen Satz,
Tschilp, Tschilp, hat hier gesessen,
wurde von der Katze gefressen.

KATZ & MAUS

Du bist die Maus,
ich bin die wilde Katze,
schau her, ich seh verwegen aus
und habe eine Krallentatze.

Die Ohren ganz weit aufgestellt,
verstecken nützt Dir also nichts,
ich finde Dich an jedem Platz der Welt,
dann schlägt für Dich die Stunde des Gerichts.

Also renn los, so schnell Du magst,
'Los flinkes Mäuschen, lauf geschwind!'
und nicht, dass Du noch einmal fragst,
ich fress Dich auf, wenn ich
Dich find.

GEBURTSTAGSWUNSCH

Heut ist der Tag, an dem Du
feiern darfst, Du hast an ihm
vor Jahren das Licht der Welt
erblickt. Wir freuen uns auf Dich
und sind über die Einladung zu
Deiner Feier wirklich sehr entzückt.

Sehr gerne wollen wir, mit einem
Glase, Dir Prosit sagen zu dem
Wiegenfeste, es dann erheben,
trinken auf das neue Lebensjahr,
Dir dazu wünschen Glück, Erfolg,
Gesundheit und das Allerbeste.

Bleib wie Du bist, wünschen
Dir sicher viele, jedoch wünsch
ich für Dich, dass man an Dir
entdeckt, neue Nuancen des
verletzlich, liebevollen Kerns,
der da ganz tief von Dir
verborgen in Deinem
Inneren steckt.

DUFT

Was war es, was mich aufmerken ließ, als ich noch halb verträumt in der frühen Morgenstunde den Blütenduft des Gartens genießen wollte? Leise die noch kühle Luft einschnuppernd, versuchte ich, mich zu erinnern, was mich hatte unruhig werden lassen. Es war ein ganz feiner, fast unmerklicher Geruch, mehr nur eine Idee, aber eine sehr schöne, die sich aus den vielen unterschiedlichen Blütendüften des Gartens, wie zu einem erlesenen Parfüm, zusammensetzte. Was war es nur?

Wie aus lichtem Nebel tauchte plötzlich ein Gesicht vor mir auf. Es war Dein Gesicht und nun erinnerte ich mich auch wieder, welcher Duft mich hatte so unruhig werden lassen. Es war der Geruch Deiner Haut als ich vorsichtig an Deinem Nacken schnupperte und sich genau in diesem Moment Deine Nackenhärchen kurz leicht aufstellten bis Du Dich lachend von mir abgewandt hattest.

Nach einem viel zu kurzen Augenblick entschwanden Duft und Erinnerung und ich setzte mit einem leisen Seufzer und einem Lächeln im Gesicht behutsam meinen Spaziergang im Garten fort und versuchte noch etwas dem Glücksgefühl nachzukosten, das mich soeben warm und wohlig durchströmt hatte.

Glück ist nur ein flüchtiger Augenblick!

DAMPFLOK

Seit den Kindertagen ist in meiner Erinnerung ein sehr intensiver Eindruck eingebrannt. Als kleiner Junge von etwa vier Jahren wartete ich an der Hand meiner Mutter auf das Eintreffen der kleinen Schmalspurbahn in Johnsdorf im Zittauer Gebirge. Endlich erscheint der Zug ächzend, fauchend und zischend an der letzte Kehre des Berges und kommt dann aus dem Wald direkt auf uns zu. Anfänglich noch recht klein, wird das schwarz-rote Ungetüm jetzt jedoch schnell größer, sodass ich mich schutzsuchend an meiner Mutter festklammere. Dann ein Quietschen, ein ohrenbetäubendes Pfeifen, und der Zug kommt unmittelbar neben mir zu stehen.

Ich bin halbtaub und neben der Lok so klein, dass selbst die roten Räder mich bereits zur Hälfte überragen. Ganz oben schaut ein von Ruß geschwärztes Gesicht aus einem runden Fenster und fragt, wer von den Kindern auf der Lok mitfahren möchte? Mein Vater hebt mich auf die Lok nach oben zu den zwei schwarz behosten, rußigen Männern mit Schiebermütze. Einer bedient die Ventile, der zweite schippt eifrig Kohlen von der Tenderseite in den glühenden Schlund des Ofens, unter dem riesigen Rund des Wasserkessels. Es ist unheimlich heiß hier oben und riecht intensiv nach Feuerrauch, Ruß, heißem Schmieröl und Fett. Auf dem Führerstand der Lok mache ich eine kleine Fahrt zum Rangieren mit zwei anderen Kindern mit. Wir staunen mit offenem Mund, was hier alles passiert.

Als die Lok wieder hält und der Lokführer nochmals die Dampfpfeife betätigen will, halte ich mir schon in Voraussicht schnell die Ohren zu. Ich lache laut und lache noch immer als mich der freundliche rabenschwarze Mann bereits wieder in die ausgestreckten Arme meines Vaters zurück gibt. Die Sonne blinzelt mich durch den Kastanienbaum neben dem alten Fachwerk des Bahnhofs an und ich blinzelte fröhlich zurück, bevor ich auf dem Kiesweg neben den Schienen sanft abgesetzt werde. Es ist ein warmer wunderschöner Sommertag mit kleinen weißen Schäfchenwolken oben am hellblauen Himmel und ich bin glücklich.

Genau seit diesem Tag achte ich auf die kleinen Dinge des Lebens, ergreife gerne eine mir gereichte Hand und versuche vorausschauend zu handeln. Der Geruch nach Ruß, Rauch und heißem Schmieröl ist seitdem in meinem Gedächtnis als Inbegriff für eine Dampflok eingebrannt. Was hatte ich noch mitgenommen?

Es ist unheimlich schön, sich selbst manchmal einfach nur gut aufgehoben fühlen zu können!

Vielleicht verschenkt Ihr dieses Gefühl ja weiter, an Eure Kinder.

TROLLE

Es ist schon einige Jahre her. Wir waren mit Freunden in Norwegen mit dem Wohnwagen unterwegs. Hinter uns lag bereits ein Besuch des malerischen Geirangerfjords mit seinen atemberaubenden Wasserfällen und riesigen Schiffen, die aber in dieser Landschaft neben den steilen Bergen nur wie Spielzeug wirken. Wie groß sie eigentlich waren, sah man erst beim Anlegen im kleinen Örtchen am Ende de Fjords. Der ganze Ort selbst erschien dabei kleiner als der anlegende Dampfer. Eigentlich stand unser Wohnwagen etwas südlicher in Hellefjord auf einem kleinen
süßen Campingplatz, auf dem Papageientaucherpärchen im Balzspiel auf dem Rasen laut keckernd in endlosen Kreisen umeinander herum liefen, was sehr putzig anzusehen war.

Jetzt waren wir in Jotunheimen unterwegs, der Heimat der Riesen-Trolle. Zerklüftete eisige Berge und Schnee, selbst im Sommer, und eine Straße, die so schmal war, dass unser Wohnwagen mit knapper Not hindurch passte. Ein Gebirge, das ähnlich heißt, wie ein anderer Name für Troll, 'Jötunn'. Und tatsächlich sah man in der felsigen Natur hinter jeder neuen Biegung, die uns stetig aufwärts zu einem Pass mit einem eisbedeckten Bergsee führte, Köpfe von versteinerten Riesentrollen aus der unwirtlichen Natur lugen. Wie gut, dass wir noch bei Tageslicht unterwegs waren, denn Nachts erwachen diese pelzigen, zottigen, unheimlichen Kreaturen zum Leben und treiben dann in den Bergen ihr Unwesen. Was, ihr glaubt mir nicht? Ich kann Euch nur sagen, als wir am Abend mit ausgehender Sonne das Gebirge verließen, huschten bereits lange Schatten um uns her durch die steilen Schluchten und lange unheimlich tiefe, laut klagende Laute waren zu hören. Huuh!

Wir machten jedenfalls, dass wir ganz schnell fort von diesem unheimlichen Ort kamen. In winterlichen Nächten sollte man in dieser Gegend lieber nicht allein unterwegs sein, sondern in einer warmen Hütte oder Sauna am Fjord ufer mit einem Glas Bier in der Hand sitzen und entspannt in die Flammen des prasselnden Feuers schauen. Ja in der Tat, der Nordmann geht mit einem Bier in die Sauna, gerne auch mit einer gruseligen Geschichte über Trolle im Gepäck, die alles niedertrampeln (trollen), was ihnen in den Weg kommt. So manches Schaf war nach solch einer Begegnung regelrecht platt, sage ich Euch. Egal, wir zeigten uns furchtlos und folgten dem Motto:

Seid mutig! 🌱

Wir wurden an diesem und den weiteren Tagen von den Trollen verschont und konnten unsere Fahrt ungehindert in Richtung Polarkreis fortsetzen. Das unheimliche Gebirge verschwand beim Blick in den Rückspiegel des Wohnwagens bald am Horizont. Schön, wenn man sich nach so einer Reise später über seinen eigenen Mut freuen kann.

MITTAGSELCH

Ein Fahrradurlaub in Schweden. Da wir Langschläfer sind kommen wir in der Regel nicht vor dem späten Vormittag auf die Piste. Das hält mich aber nicht davon ab, bei der Fahrt durch ausgedehnte Waldgebiete laut nach dem 'Mittagselch' zu rufen, denn schließlich möchte ich diese beeindruckenden Tiere ja auch mal sehen, aber bitte, ohne Nachts vor Tau und Tag aufstehen zu müssen. Das Rufen nach dem Spätaufsteher-Elch hatte ich jetzt schon einige Tage hintereinander praktiziert und meine Frau rollte

bereits mit den Augen, wenn mein Schrei wieder durch den Wald hallte. Heute schieben wir also grade unsere Räder eine steile Passage durch dichten Wald hinauf und ich möchte wieder meinen Schrei anbringen, als mein Blick rechts durch einige kleinere Bäume und dichtes Unterholz in den Wald schweift. Dort steht völlig unerwartet eine

riesige Elchkuh mit Kalb und schaut mich mit ihren großen Augen ungläubig an. Mir bleibt der Ruf im Halse stecken und ich versuche nur, die Aufmerksamkeit meiner Frau zu erregen indem ich lautlos, wild gestikulierend in den Wald deute. So schnell wie gesehen, hat sich die Elchkuh mit ihrem Jungen wieder in das Unterholz verdrückt. Ende des ersten Teils der Geschichte.

Teil zwei geht so, wir sind mit einer Freundin in Norwegen nahe Tromsö mit GPS durch unwegsames Gelände auf der Wandertour 'Wasserwerk 2' unterwegs. Urwüchsige Wiesen zwischen halbhohem Baumwuchs sind von Unmengen gelber reifer Moltebeeren bestanden und duften in der prallen Sonne aromatisch nach warmem Apfelmus Ich erzähle die Elchstory aus Schweden. Die Freundin will wissen, wie denn der so erfolgreiche Elchruf geht und ich rufe zum Spaß. Und was soll ich Euch sagen, lautes Knacken im Unterholz beantwortet meinen Ruf und eine große Tiersilhouette, die laut durch das Unterholz bricht, ist zu erkennen.

'Das glaub ich jetzt nicht! ', ruft unsere Freundin ungläubig aus. Es stellt sich heraus, dieses Mal habe ich zwar keinen Elch, aber ein kapitales Rentier mit ausladendem Geweih herbei gerufen. Es läuft direkt an uns vorbei und sucht sich eine neue Deckung. Wir lachen ausgiebig und wandern zum Briefkasten auf dem eiszeitlich, abgeschliffenen Bergrücken weiter, holen uns den Wanderstempel ab und gehen in dem kalten flachen Bergsee auf dem Granitfels noch herrlich baden, bevor wir den Rückweg dieser wunderschönen Wandertour antreten.

Bleibt neugierig! 🌱

Vielleicht versucht Ihr es auch einmal mit einem Ruf nach dem ‚Mittagselch', wer weiß, was Euch dann alles passiert...

MÜGGELSEE

Der Große Müggelsee, die Perle an der Spree! Dieser eiszeitlich entstandene größte See Berlins ist im Südosten der Stadt gelegen, er wird ergänzt durch ausgedehntere Waldgebiete und die Müggelberge, eine Endmoränenstruktur von mehr als 90m Höhe, die sich mit Thyrn, Teufelssee und kleinem Müggelsee als weiteren kleinen Gewässern im Süden an den See anschließt.

Seinen Namen bekam er bereits in vorslawischer Zeit nach den ausgedehnten Nebelbänken, die den See zur Winter- und Frühlingszeit überziehen und ihn bei Sonnenwetter in fast mystischem Licht erscheinen lassen, wenn man vom Nordufer auf die rauchig erscheinende Wasserfläche schaut. Kaltwassernebel werden dann in orange-weißliches Licht getaucht und tausende gleißende Lichtfünkchen auf den Wellen ergänzen diesen magischen Moment. Die Grenze zwischen Himmel und Wasser scheint in diesem Moment aufgehoben zu sein. Aber auch in der Sommerzeit, wenn die Wasseroberfläche eher dunkelblau vor grüner Waldkulisse aussieht und weiße oder bunte Segel zahlreich auf dem See zu sehen sind, ist der Blick auf die nahe Hügelkette sehr schön. Mit seiner rundlichen Form und etwa vier Kilometern Ausdehnung ist der See ein idea les Segelrevier.

Seit hinter den Bergen der Gosener Kanal erbaut wurde, der den Großen und Kleinen Müggelsee mit Dämmeritzsee, Seddinsee, Langem See, Dahme und Spree verbindet, können die Müggelberge auch in einer malerischen Tagestour mit einem Boot umsegelt werden. Man startet in Rahnsdorf und kommt schlussendlich wieder im Müggelsee in Friedrichshagen an und hat so auch gleich einen

Eindruck von der wasserreichen Umgebung Berlins gewonnen, die der Stadt ihr eigenes Flair verleiht.

Berlin hat schließlich mehr Brücken als Venedig und ist von zahlreichen schönen Gewässern umgeben. Neben dem Großen Müggelsee ist der im Südwesten der Stadt gelegene Wannsee sicher das meistbesungene Badegewässer Berlins. Das Motto eines alten Schlagers lautete: 'Pack die Badehose ein... ', das ist auch heute immer noch ein guter Tipp. Ein Handtuch zum darauf Liegen darf natürlich auch nicht fehlen.

Genießt das Leben! 🌱

Erkundet an einigen schönen Sommertagen einfach mal die zahlreichen Havel- und Spree-Gewässer, am besten mit dem Fahrrad, und habt eine wunderschöne Zeit an Berlins sehenswerter Wasserseite.

WALDLICHTUNG

Gleich hinter unserem Haus beginnt der Wald. Ruhig und beschaulich ist es auf der Lichtung, die sich gleich jenseits des Gartenzaunes bis zu einem kleinen Grabenfließ, Kuhgraben genannt, erstreckt. Hier fällt das Sonnenlicht bis auf den feuchten üppig grünen Waldboden und erleuchtet auch noch einen angrenzenden kleinen Weiher, der von einigen Kopfweiden umstanden ist.

Ich sitze am Gartenzaun unter einer großen Buche, die etwa einen Meter höher liegt als die kleine Wiese am Fließ und genieße die Sonne des Vormittags, die hier üppiger durch die sonst dicht im Sumpf stehenden Erlen fällt. Es ist Mitte Mai und schon recht warm und riecht bereits intensiv nach den umstehenden Sumpfgräsern und gelben Sumpflilien.

Im Wasser schwimmt eine von meinem Freund und mir mit Teer abgedichtete alte Holzkommode, die wir zu einem kleinen Boot mit flachem Tiefgang umgebaut und zurecht gesägt hatten. Dieses kleine Gefährt ist aber durchaus
wasserdicht und reicht für unsere gelegentlichen Ausfahrten auf dem Fließ vollständig aus. Eigentlich ist es unser schickes Piratenboot, mit dem wir das kleine Fließ gelegentlich überqueren und in dem dahinter befindlichen Buchenwald gemeinsam so manches spannende Abenteuer bestehen.

Wir spielen auf der kleinen Waldwiese am Weiher und bauen uns Baumhäuser in den benachbarten Bäumen und Höhlen aus altem Astwerk und Laub im Wald auf der anderen Uferseite. Ich bin grade zehn Jahre alt. So jedenfalls erinnere ich diesen Moment aus meiner Kindheit.

Dieser Platz ist heute, fünfzig Jahre später, trockengelegt, verlandet und mit Jasminbüschen mannshoch zugewachsen, die ich dort selbst, etwa zwei Jahrzehnte zuvor, gepflanzt hatte, weil die Verlandung schon voran schritt. Auch der Graben ist nun nahezu ganzjährig trocken und selbst im Frühjahr nur noch für wenige Tage gefüllt. Der Mühlenteich in Rahnsdorf, einem unweit gelegenen Ort auf der anderen Seite des Müggelsees, teilt dieses Schicksal gleichermaßen. Das Quellgebiet des kleinen Flüsschens ist heute einer Eigenheimsiedlung gewichen.

Umfangreiche Trockenlegung nahe der Stadt zur Bauland gewinnung und wärmeres Klima haben solche kleinen Feuchtbiotope grundlegend verändert und oft zur einfachen Wiese werden lassen. Boot fahren kann man an solchen Plätzen im Südosten Berlins nicht mehr.

Macht daraus was ihr wollt Kinder, nur wissen solltet ihr es.
Es ist meine Erinnerung, aber Eure Zukunft! 🌱

Aphorismen II

Nur mit einem guten Freund, der Dir hilft
Deine eigenen Grenzen zu erkennen und
zu überwinden, wirst Du alte Muster
aufbrechen und so ganz Neues für Dich
entdecken können.

Keine Erwartungen und Wünsche
zu haben, ist Stagnation und Tod.
Also, habt bitte Ideen und Wünsche,
kommt voran und lebt wirklich!

Die Neugierde auf das Unentdeckte, Reizvolle,
Unbekannte und Schöne ist letztlich Triebfeder
unseres eigenen Tuns und Handelns.

Sich selbst eigene Verletzlichkeit
und Angst zuzugestehen zeigt unsere
wahre menschliche Größe.

Mit Menschen, die sich im Triple-X-Modus befinden,
ist mit großer Vorsicht und viel Abstand umzugehen.
Aus der Nähe betrachtet wird es sehr kompliziert,
eine zumeist schillernde Person, aber ständig unter
Strom und es herrscht permanent akute Brandgefahr.

Erwarte Gutes und Neues von Dir selbst und
anderen Menschen und fordere es auch ein.
Es klappt zwar nicht immer, aber wenn,
dann hast Du echte Freunde
fürs Leben gefunden.

‚Vielleicht' ist das Lieblingswort des
Unentschlossenen und Ängstlichen.
Los jetzt! Tue es gleich! Dieses
‚vielleicht' ist Dein Leben.

Was sind eigentlich gute Freunde, fragst Du?
Schön aussehen und reden ist es sicher nicht. Was Sie
wirklich für Dich tun und wieviel Zeit Sie Dir schenken,
das ist es. Bist Du Ihnen als Mensch wichtig und was
geben Sie Dir? Das sind die richtigen Fragen.
Die Antworten sind aus ihrem Handeln ersichtlich.

Glück ist nur ein flüchtiger Augenblick!
Es ist unheimlich schön, sich selbst
manchmal einfach nur gut aufgehoben
fühlen zu können. Sei mutig! Bleib neugierig!
Genieße das Leben! Es ist nur Deine Erinnerung,
aber auch unser aller Zukunft und Leben,
wenn Du sie mit anderen Menschen teilst.

Mach im Leben die Dinge,
die Du gerne machen möchtest, gleich.
Was Du Dir für später vornimmst,
das machst Du nie.

DANKSAGUNG

Das vorliegende Buch fasst meine Gedichtbände ‚Tagtraumliteraten' und ‚Alltagsliteraten' in einer Ausgabe als Textversion im Taschenbuchformat zusammen. Es entstand wesentlich im laufe eines Jahres Juni2024 bis April 2025 und widmet sich unserem Alltag und unseren Träumen in allen Situationen unseres Lebens und der Suche nach Erfolg und Glück auf unterschiedlichen Wegen.

Vielen meiner Freunde und Leser bin ich für zahlreiche Anregungen zu neuen Gedichten dankbar. Euer Interesse und Zuspruch beflügeln mich und ermöglichen erst mein Schreiben.

Habt Dank und allesamt Spaß beim Lesen dieses Buches und ein wenig Anregung zu eigener Achtsamkeit mit sich selbst und anderen Menschen!

Joachim Kind

Berlin, den 26. April 2025

LETZTES GEDICHT

Wie wird es eigentlich denn sein,
das Ende von dem ganzen Schreiben,
wenn keine neuen Reime Dir mehr fallen ein,
was wird zum Schluss von all dem bleiben?

Wirst unstet weiter Du nach Worten kramen,
zu sagen, was im Innern Dich bewegt?
Waren die Reime, die zusammen kamen,
genug, dass sich die Neugier hat gelegt?

Ist etwas da in Deinem Kopf,
das eine Lösung noch verlangt?
Bist Du vielleicht ein armer Tropf,
der noch erfolglos hofft und bangt?

Nach hin und her an endlos vielen Tagen,
kommt langsam die Erkenntnis dann,
dass man auf eine Menge seiner Fragen
oft keine gute Antwort finden kann.

Wie lässt sich also so ein Ende
von all dem Schreiben gut gestalten?
Bleib ruhig und halt stille Deine Hände,
mit einem Lächeln ist es auszuhalten.